ぼくらの仮説が世界をつくる

佐渡島庸平

PHP文庫

○本表紙図柄＝ロゼッタ・ストーン（大英博物館蔵）
○本表紙デザイン＋紋章＝上田晃郷

これから世界は、どうなっていくのでしょうか？

それは、誰にもわかりません。
だから、不安にもなるでしょう。

でも、ぼくは
「世界がどうなるか」を心配する時間があるなら、
「世界をどうするか」を考えたいのです。

世界は、誰かが思い描いた「仮説」でできていきます。

スマートフォンもインターネットもパソコンも。
車に電話、飛行機やロケットだって。
あなたの身のまわりのものは、
ほとんどがたった一人の「仮説」から生まれたものなのです。

誰かが「こうなるはずだ」

「こうするとみんながハッピーになるぞ」

と思い描いた大胆な「絵」から、世界はつくられていくのです。

世界は、誰かが思い描いた「仮説」でできている。

そして、その**「誰か」とは「あなた」のこと**でもあります。

ぼくには、エンターテイメントをもっともっと盛り上げて
世界をもっともっと楽しくする仮説があります。

さて、あなたの仮説はなんですか？

文庫化に際しての「はじめに」

本を出版して、いいことがあった。

普段、ぼくは編集者だが、自分が著者として本を出版するときには担当編集者がついてくれる。その担当編集者とのやりとりで、編集という仕事をメタ認知できる。自分の言動を、こんなにも客観的に振り返えられる機会はほとんどない。編集者としては、ほぼ意識していない何気ない一言が、著者としては、意外と嬉しかったり。また、ちょっとした沈黙を深読みしたり。そういう発見をたくさんもらえた。

そして、文庫化を提案してもらえると、嬉しいというのも発見だった。自分が編集者のときは、利益の最大化として、ビジネス的な側面で文庫化はあった。しかし、著者として文庫化の声がかかると（しかも、単行本が出たのは違う会社から！）、この本に書かれていることは、「まだ古くなっていないよ。通用しているよ」と思ってくれている人がいるという確かな手応えをもらえて、嬉しくなる。

文庫化するに当たって、内容を約6年ぶりに振り返ってみた。一部、現状とずれているところがあり、改稿した。しかし、それ以外は十分通用すると感じた。この本は、仮説の立て方とエンタメに関する仮説だ。仮説の立て方が古びていないのは当然として、エンタメに関する仮説がまだ通用するというのは、正直、悔しい。

仮説がまだ通用するのは、経営者として、自分の仮説を実証まで持っていけなかった証拠でもある。仮説をアップデートして、現在の補足ができるのが理想だった。

ぼくはそもそも出版社の社員として、仮説思考で、試行錯誤を繰り返していた。その試行錯誤をできる環境は、会社が用意してくれていたものであり、ぼくはそれをあまりにも当たり前としすぎていた。

会社を経営するとは、仮説を立て、その仮説を仲間に手渡して、仲間が仮説を実行、検証してくれるようにすることだ。

しかし、仮説の抽象度が高いと、他者が実行することの難易度が一気に高くなる。ぼくは仮説思考で一人で動き回るのは得意だったが、組織で仮説思考をする術は持っていなかった。この6年間、チームビルディングを学び、人ごとに思考法がどう違うのかということを学んでいた。

この本を読み直すと、この6年間、ぼくが自分自身に感じていた未熟さや悔しさを思い出す。研ぎ澄まされた仮説がドミノの1枚目になる。それがなければ、ドミノは倒れない。しかし、2枚目、3枚目のドミノへの影響の与え方も同時に必要なのだ。

2冊目に出したコミュニティ運営についての本『WE ARE LONELY, BUT NOT ALONE.』（幻冬舎）は、2枚目のドミノの倒し方をぼくなりに整理した本だといえる。

このようなビジネス本は、何かを成し遂げた人が振り返りとして出版することが多い。ぼくの場合は、まだ何も成し遂げていないが、挑戦中のことを自分の思考の整理も兼ねて出版している。

新しい世界をつくる一翼を担いたいと思っているぼくの仮説が、読者の思考の種に少しでもなれたら、光栄だ。

佐渡島庸平

2021年3月

はじめに

大航海時代が始まった

ぼくは10年間、出版社のマンガ雑誌の編集部で、おもしろいマンガ、小説、ノンフィクションを生み出すために、編集者として働いてきました。

三田紀房『ドラゴン桜』、小山宙哉『宇宙兄弟』、安野モヨコ『働きマン』、伊坂幸太郎『モダンタイムス』、平野啓一郎『空白を満たしなさい』などが、ぼくが編集者として関わった代表作です。

出版社では、おもしろい作品を生み出すことだけに集中できました。

雑誌や単行本という、作品を発表すればおもしろいと思ってもらえる「土台」が、すでに先人の手でつくられていたからです。

しかし、いつしか編集者としての技術は上がっていっているのに、思ったように反響が出ないようになりました。

ふと顔を上げて世間を見渡すと、「IT」によって状況が大きく変わっていました。

出版業界がつくり上げた「土台」はぐらつき、作品を届ける文脈が変わり始めていたのです。

そんな状況を打破し、新しいエンターテイメントの形を求めて、作家エージェント会社「コルク」を立ち上げたのが2012年のことでした。

その「コルク」で何をやろうとしているのか？

ぼくがどんな「仮説」を立てているのか？

まずは、こんな話から始めましょう。

＊

学生時代、ぼくはずっと孤独を感じていました。といっても、一人ぼっちだったわけではありません。友人と楽しく話をしたり、みんなで旅行に行ったりもしていました。

それでも孤独は深かったのです。それが個性によるものなのか、みんなもそれを抱えつつ、平然としているのかは、ぼくにはわかりませんでした。

しかし、就職して編集者になってから、その孤独感は消えたのです。「なぜなんだろう？」とずっと自問していたのですが、最近その答えを見つけました。

それは**「ぼくはずっと、すごく好きな本について、誰かと深く語り合いたかった」**ということです。編集者は、作家とさまざまな本について、深く話し合えます。ある好きな作品に対して、思いを共有することができると、心が満たされるのです。

孤独を解消するには、「好きなことを話し合える相手がいる」ということが、少なくともぼくにとっては重要でした。ぼくは、作家と出会って、感情をシェアすることで孤独を解消できたのです。

サッカーや野球観戦を考えてみましょう。

スポーツ観戦は、純粋にそのゲーム自体がおもしろいということもあるでしょうが、それだけではありません。試合を見終わったあと、仲間で話し合うことも、その試合のおもしろさの一部なのではないでしょうか。

観る側にとって「試合そのもの」だけが価値を持つということは、あまりない。誰かと応援したり、語り合ったりすることで価値になるのです。

また、友人や自分の家族が出ているアマチュアの試合は、技術的に拙《つたな》くても、見ているとおもしろいでしょう。もしかすると、プロの試合よりもおもしろいかもしれません。それは、その試合について、語ることがたくさんあるからです。

日本のスポーツ産業が、欧米と比較して大きくならない理由のひとつは、**「語る場所の不足」**だとぼくは推測しています。

小説、マンガ、映画、音楽など、エンターテイメントの世界も、スポーツ観戦と同じです。芸術作品は、その単体で価値があるように思いがちですが、多くの人に語られ、話題になることで、価値が生まれていくのです。

すべての作品は、どのような文脈に置かれるかで、価値が変わってしまいます。

もちろん、本質を捉えている作品は存在するでしょうが、絶対的な価値を持っている作品は存在しえないのです。

昨今の出版不況は、作品の質が落ちているせいで起きているわけではなく、本について、語る場、語る習慣がなくなってきているのが原因なのではないか。

ドイツの詩人シラーは、「友情は喜びを2倍にし、悲しみを半分にする」と言っていますが、この言葉は永遠の真理です。語り合う仲間がいると、おもしろさは2倍、3倍になっていくのです。

ITは、物理的な距離を縮め、世の中を効率的にし続けてきました。いわば「世界を小さくしてきた」のです。もう、アマゾンなしで買い物をすることなんて想像できません。

物理的な距離を縮め、効率的にするITサービスは、どんどん開発されている。その一方で、**心的な距離を縮めてくれるサービスはまだほとんどない**のではないでしょうか。よって、感情をシェアすることもできず、心は満たされません。

時代が変わっても、作家は素晴らしい作品を生み出し続けています。その作品に感動し、仲間と語り合い、感情をシェアすることで満たされるはずの人は、大勢いるのです。

しかし、作品を「語る場」が失われてしまっている。作品が多様化していく中で、クラスや職場で、自分と同じ好みの人を見つけて語り合うのは難しいでしょう。

「ITを使って心的距離を縮め、感情をシェアするサービスを生み出すことで、同じ嗜好《しこう》を持った人びとが集まるコミュニティが生まれるだろう。そうすれば、作家は、誰にも読まれないのではないかと怯《おび》えることなく、作品をつくれるようになるはずだ」

それが、ぼくの頭の中にある、ひとつの「仮説」です。

*

今はとてもおもしろい時代です。これまで以上に未来が見えない時代だからです。

ITの本格的な普及により、コンテンツ業界のみならず、あらゆるビジネスにも地殻変動が起きている。まさに大航海時代の始まりです。

創業して丸3年。

挑戦はまだまだこれからですが、これまでに考えてきたことは、ぼくと同じように未来に挑戦し、世界をつくる人にも役立つものと考えました。この本は、そんなぼくが編集者として、経営者として考えてきたことをまとめたものです。

佐渡島庸平

2015年11月

ぼくらの仮説が世界をつくる　目次

文庫化に際しての「はじめに」 010
はじめに　大航海時代が始まった 014

第1章

ぼくらの仮説が世界をつくる

革命を起こすための思考アプローチ

「仮説を立てる」の本当の意味 030
『宇宙兄弟』を大ヒットに導いた「仮説」 038
新しいことを成功させるには「仮説↓検証」を楽しむ 042
「情報のほうが間違っている」と考える 045
「仮説」とは「定義」である 049
『宇宙兄弟』で「再定義」したかったこと 054
本当の「出版＝パブリッシュ」とは何か 057
作品を世界に届けるための「コルク」になる 064

第2章

「宇宙人視点」で考える

本質を見極め常識を打ち破るための思考法

「宇宙人視点」で本質が見える 072
「表面」に惑わされず「骨格」を見る 074
うまくいかない原因を冷静に見つめてみる 077
明治維新のときに「一般人」は何を思っていたのか 081
お金の形態が変わってから世の中が変化する 083
「ヒマだから映画に行く」という時代は終わった 086
時代や国が違っても変わらないもの 090
「技術」は変わっても「人」は変わらない 093
なぜ今「ストーリーの時代」なのか? 098
すべては「コース料理」から「アラカルト」へ 103
あらゆる「なんとなく」をスマホが奪っていく 109

第3章

インターネット時代の編集力

モノが売れない時代にぼくが考えてきたこと

質を高めても売れない時代がやってきた　116
人によって感動の度合いは異なる　121
作品に親しむ「分人」を引き出す　125
インターネットで親近感をつくるには　131
「作家を応援する仕組み」をつくる　134
人生における「居場所」の大切さ　136
「めんどくさい」ことをいかにしてもらうか　140
「モノ」ではなく「作品」として流通させるために　143
「編集者不要論」は本当か　146

第4章

「ドミノの1枚目」を倒す

遠くのゴールに辿り着くための基本の大切さ

「基本の徹底」が遠くまで飛ぶための最短ルート 152
上手な絵かどうかは「1本の線」でわかる 159
多くの人がおろそかにしがちな「真似ること」 165
「ちゃんと見る」がすべてのスタート 167
「努力をする」という最低限の基本 171
人生を変えるには習慣を変えるしかない 174
自分を5年、信じられるか 179

第5章

不安も嫉妬心もまずは疑う

「先が見えない時代」の感情コントロール

「自分の感情」を疑え 184

「短期的な成果」に左右されない　187
「やりたいからやる」が強いわけ　193
自分の「好き嫌い」を把握しているか　196
嫉妬心をエネルギーにして抱く目標は小さい　198
「100％の自信を持ったコビト」を脳内で増やしていく　202

第6章

仕事を遊ぶトム・ソーヤになる

人生を最高に楽しむための考え方

ぼくらのルールはぼくらがつくる　208
取ったリスクの対価しか手に入らない　214
ぼくらは毎秒毎秒「決断」をしている　218
自分のことは自分ではわからない　222
他人にウソをつくと自分にもウソをつくようになる　228

尊敬する人の懐に飛び込む　232
「好きを仕事にする」という最強の仕事術　236
トム・ソーヤになる　242

おわりに　仮説を実現する冒険に出よう　247

特別対談

ぼくらの贈与が世界をつくる

佐渡島庸平×近内悠太（教育者、哲学研究者）

『世界は贈与でできている』は「創作論」である　256
作品は、誰かに向けたメッセージ　259
「自分語り」が許されるのは一部の天才だけ　262
「ファクト」や「エビデンス」は賞味期限が短い　264
「観察力」とは「そこにないものを無数に見る力」　268

ものごとには必ず意味があると信じる　272
すべての物語はアンサングヒーローを描くものだ　274
最近の作品は「クイズ」になっている　275
美しいものは、どこかわかりきらないもの　277
新人作家が陥りがちなミス　279
佐渡島さんにとって本は「船のいかり」　281

第1章

ぼくらの仮説が世界をつくる

革命を起こすための思考アプローチ

「仮説を立てる」の本当の意味

「何かを成し遂げるためには、仮説・検証が重要だ」とよく言われます。しかし、日常的にそれを実行するクセが付いている人は、どれほどいるでしょうか。出版の現場で、仮説・検証が実行されているところを、あまり見たことがありません。

作品が思うように売れなくても「作家も編集者も営業も頑張ったのに、残念だったね。さあ、次の作品で頑張ろう」という場合がほとんどです。ヒット作は、いつも「予想外」なものばかり……。

ヒット作は狙って作れないのでしょうか？

ぼくはこの「仮説・検証」という作業をかなり意識してやってきました。それも、数年かかるような大きな範囲のことから、今日から始められるような小さなことまで。思いつくことは、つねに仮説・検証というフレームワークの中で思考してきました。

そのことである程度、「ヒットを生み出す」ことができるようになったのではないかと思っています。

いつも念頭に置いているのは**「仮説を先に立てる」**ということです。

「仮説を先に立てる」だなんて、当たり前のことだと思うでしょう。でも、実際は、そうではないのです。ほとんどの場合、「情報を先に見て」、それから仮説を立ててしまう。ぼくも少し気を抜くと、そのような思考に陥ってしまいます。

以前、ぼく自身が反省した例を挙げましょう。

税理士とコルクの決算の打ち合わせをしていたときのことです。

コルクは3人でスタートし、しばらくは人を増やさないつもりでした。そのほうが、挑戦的に動き回れると思っていたからです。しかし、さまざまな仕事のご提案をいただき、3年が経ったときには、社員10人、外部のスタッフやアルバイトを合わせると30人弱の所帯になっていました。

決算の数値を見ながら、来期のことを考えます。そうしたら「30人に支払いをするためには、来期も最低でもこれくらいの売上が必要だな」とか「この仕事は継続しないとまずいな」なんて自然に考えてしまっていたのです。

ハッとしました。「会社というのは、こうやって守りに入って、ダメになっていくんだな」としみじみ思いました。たった3年で「守り」の考えを抱いてしまったわけです。

決算という過去の情報をもとに来期をイメージして仮説を立てても、今期の延長線上にあるアイデアしか思いつきません。コルクは、まだそんな段階ではない。この時代を生き抜く、出版の新しい形を模索するために、いろいろなことに挑戦するフェーズなのに、それができない思考に一瞬、陥ってしまった。ベンチャーなのに「前例主義」的になってしまったわけです。

前例主義というのは、「情報↓仮説」という順番で物事を考えることで起きます。ほとんどの人は、真面目に案件に取り組むあまり、情報を集めてから仮説を立てようとするのですが、そこに大きな罠《わな》が潜んでいるのです。

特に業界が縮小しているときは、リスクを減らすため慎重になります。過去の情報を集めてきては「仮説・検証」を繰り返します。しかし、そのようによかれと思ってとった行為が、前例主義的になり、身動きがとれなくなって、自らの首をさらに絞めることになるのです。

知り合いが本を出版したときのことです。その本は彼の海外での経験を書いたエッセイで、食、語学、旅行というジャンルには当てはめることができないものでした。「こういう本です」とひと言では表しにくいけれど、読むと内容はおもしろい。

しかし、複数の出版社に企画を持ち込んだ彼が聞かされたのは「おもしろいけれど、うちでは出せません」という言葉。「類書がないから」というのが理由でした。

似たような本、つまり類書があれば、どれくらいの部数を刷ればいいかわかります。「食べ物のエッセイだったらこれくらい」「子育てのエッセイだったらこれくらい」という具合に、今までに出た類書のデータで売り上げを予想できるわけです。しかし、類書がないとそういったデータがないから予測が立てられない。だから「出せない」というのです。

そもそも、編集者って何のためにいるのでしょうか？　類書の売り上げデータを見て、売り上げを予想するなら、人工知能で十分です。

そうではなくて**「この文章を書いた人間は才能があるかどうか」を「世間には存在しないデータ」をもとに、自分の感性だけで決断することができる、それが編集者の特権なのです。**

ところが出版社の人たち自身が、自分の持っている特権を放棄してしまって、類書のデータを探す。そういう仕事のやり方であれば、編集者が誰であってもよくなってしまいます。

これは編集者だけの話ではありません。

いろんな職業の人が特権を持っています。テレビのディレクターも、ファッションデザイナーも、自分の責任と感性に従って、「これはいい」と思ったものを世に出すことができます。それなのに、自分の感性よりも類書や前例のデータに頼ってしまう。

多くの人は重要な決断を迫られたときに、できるだけたくさんの情報を集めて、それから仮説を導くと思います。でも、そうしていると新しいことは何も生まれません。

では、どうすればいいのか？

ぼくは「情報を無視しろ」と言いたいわけではありません。

仮説を立てるときは、誰でも得られるような数字のデータではなく、**「日常生活の中で、なんとなく集まってくる情報」そして「自分の中にある価値観」のほうが大切なのです。**

決断するためにわざわざ集めた情報の多くは、「過去」のものです。それに頼ると、気付けば「前例主義」に完全に陥ってしまいます。

前例主義に陥らないためには「先に」仮説を立ててみることです。

そして、その仮説を補強・修正するために、情報を集めてくる。その順番が大切です。**「情報↓仮説↓実行↓検証」ではなく「仮説↓情報↓仮説の再構築↓実行↓検証」という順番で思考する**ことで、現状に風穴を開けることができるのです。

ぼくは、これからの日本の出版業界において、「エージェント業」というものが立ち上がることが、出版・コンテンツビジネスの活性化にとっても、一人ひとりの作者にとっても、読者にとってもいいんじゃないか、という仮説を立ち上げました。

これは「過去」の数字を集めてきて出てきた仮説ではなく、日々作家と過ごす経験をもとに考えだした仮説です。

それで、その仮説を確かめるために、情報を集めたのです。すると、欧米の作家は、エージェントがいるのが一般的だとわかりました。日本のように、出版社がその役を半ば担っているのは、世界基準ではなかったのです。

堀江貴文さんからは、「ネット上で多数のメディアが生まれるから、編集者よりも作家のほうがずっと多くなる。よって、編集者が作家に依頼しに行くのでなく、作家が自分にあった編集者を探す時代がくる」という話も伺いました。

こうしてぼくの中で「エージェント業が、これからの編集者の仕事の形態となる」という確信が強まっていきました。ただ起業前は、それをまわりにいくら言っても信じてもらえなかった。それでもぼくには、作家のエージェント業を始めれば、作家にも読者にも出版社にも、みんながハッピーになれる未来が待っているように思えてならなかった。「じゃあ試してみよう」と思って、会社を立ち上げたのです。

実際に起業してみると、取引先や読者、作家の方々からいろんなフィードバックが返ってきます。そうした情報をもとに、仮説を検証しながら、産業として成り立たせる道を今探っているのです。

過去の数字を集めてきても新しいことはできません。

日々の経験の中の見えないデータを信じて、自分が正しいと感じる仮説を立てること。そして、その仮説を実証するために全力で動くこと。さらに、得られたフィードバックをもとに仮説の検証を行うこと。それが大切なのです。

『宇宙兄弟』を大ヒットに導いた「仮説」

「仮説↓情報↓検証」の考え方は、マンガ作りにおいても同じです。

今では大ヒット作となった『宇宙兄弟』ですが、発売当初は、あまり売れ行きが良くありませんでした。この作品をどのようにして多くの人に届けたのか。その話をしながら、さらに「仮説↓情報↓検証」の話を進めていきたいと思います。

『宇宙兄弟』がここまでヒットするだいぶ前の話です。

そのころの読者アンケートを分析すると、男性読者がだいたい7割を占めていました。一方、その当時売れていたマンガは共通して、7割が女性だったのです。たとえば『聖☆おにいさん』は、8：2で女性読者のほうがずっと多かった。

通常、書店のマンガコーナーに定期的に行くのは女性のほうが多いのです。実は、30～40代の男性は、あまりマンガコーナーには行かないし、マンガを買わなくなっている。つまり何が言いたいかというと、『宇宙兄弟』の読者は、マンガコーナーにあまり行かないはずの男性が7割を占めていた、というわけです。

当時、「宇宙」をテーマにしたマンガは大ヒットしない、というのがマンガの世界における定説でした。女性に響きにくいから、というのが理由です。だから、仮に男性ファンを増やすことができたとしても、女性ファンを増やすのは無理だと言われていた。現に「過去のデータ」を見ると男性のほうが多かったわけです。

しかしぼくは、日々の経験の中の「見えないデータ」から、男性だけではなく、性別を問わず広く愛される作品になるという確信がありました。

そこでぼくは、**「女性読者が増えると、『宇宙兄弟』がヒットし始める」**という仮説を立てたのです。初期のプロモーションは、よって「女性のみ」をターゲットにしました。

当時は、3万部とか4万部くらいの売れ行きでしたから、世の中の女性が1000人とか2000人くらい読んでくれるだけでも、読者の流れが変わるだろうと考え、まずは1000人の女性読者を増やす方法を考えることにしたのです。

次に「そもそもどうすれば女性が『宇宙兄弟』の存在を知って、手に取ってくれるだろう？」と考えました。

「女性は何が好きだろう？」「日常どういうふうに行動しているだろう？」「どんな場所で本を手に取るだろう？」「見る映画をどうやって決めているんだろう？」

……そんなふうにひたすら考えました。

そして「女性がよく行くところで、影響力がある場所はどこだろう？」と考えていたときに、ふと「美容室だ！」と思い浮かんだのです。

そこで早速、なじみの美容師さんに「この美容室には一日何人くらいお客さんが来るんですか？」と聞いてみました。すると「うちの店は椅子が6つあって、だいたい一日に3回転するから……18人くらいですかね」という返事でした。

人が髪を切るのは1～2ヵ月に一回くらいで、それくらいの規模の店舗でも、だいたい1000〜2000人くらい、定期的に訪れるお客さんがいるとわかりました。

さらに「お客さんとはどんなことを話しているんですか？」と聞くと「最近おすすめの音楽とか映画とか本とかの話はよくしますね」と言うのです。「これだ！」と思いました。

フェイスブックやツイッターを見ていても「この人センスいいな」と普段から思っている人が勧める本や映画なら見たくなるでしょう。それと同じで、美容室に行く人で「自分の行っている美容室はダサい」と思っている人はいないはずです。**自分が「オシャレな人」と認める美容師さんから、「このマンガおもしろいよ」と勧められたら、きっと読んでくれるだろう**と考えたのです。

こうして「女性読者を増やすためには美容室から火をつける」という具合にぼくの「仮説」は補強されて、実行に移しました。

新しいことを成功させるには「仮説↓検証」を楽しむ

では現実的に、何店舗くらいに『宇宙兄弟』を送れるだろうか？　計算してみたら、たった20万円くらいの予算で、美容室４００店に、１～２冊ずつ郵送できることがわかりました。

そこで「これはぼくが5年間かけて育てた新人の描いたマンガです。お店の雰囲気もあるでしょうから店舗には置けないかもしれませんが、休憩のお時間にでも、ぜひ読んでみてください。そして、もしも心に響くものがあったら、お客さんにこのマンガのことを話していただけたら幸いです」という内容で、思い入れたっぷりの手紙をつけて『宇宙兄弟』の1・2巻を首都圏の美容室に送ったのです。

すると、3巻を出したあとで反応がありました。『宇宙兄弟』のアンケートハガキに「美容室でススメられて読んでみました」と書いてくれた人がちらほら出てきたのです。実際にハガキを書いてくれる人なんて、すごく少ないですから、その背後にはその何倍、何十倍も美容師さんがきっかけで『宇宙兄弟』のことを知ってくれた人がいるということを意味します。

売れる前の作品は、20～30万円ほどしか宣伝費が使えません。だから、どの作品も、同じような宣伝の仕方しかできなかった。書店に販促物を送るくらいしかなかったのです。

20万円という数字だけを眺《なが》めていても、今までと同じアイデアしか出てきません。そこでぼくは**「一人のお客さんに買ってもらうのに販促費をいくらかけてもいいのか」**を考えるようにしました。

出版業に限らず、ビジネスで大切なことは「お客さんを囲い込むこと」です。特に長編マンガは、一度お客さんの心を捉えたら、20巻くらい継続して買ってくれるので、「まず第1巻を読んで気に入ってもらう」ことが、ものすごく大切になります。

20冊のマンガを買ってくれるということは、1冊600円として、一人あたり約1万2000円の売上になります。じゃあ1万2000円払ってくれるお客さんを一人獲得するためには、500円から1000円は、宣伝費をかけてもいいのではないか。美容室に本を2冊送ると、だいたいそれぐらいの費用がかかります。それで、1000～2000人のお客さんのうち、2、3人が単行本を買うようになれば、宣伝として効果的だろうと考えたのです。

情報を用意してから考え始めても、思考停止に陥りやすいので、**自分のやりたいことを決めて、それから情報を集める**。それがぼくのやり方なのです。

『宇宙兄弟』の女性読者を増やすため次にやったことは、アンケートハガキを送ってくれた人、それも20代、30代の女性で、友だちが多そうで感想を書いてくれそうな人に、ポスターと手紙を送ることでした。

そうやって地道に、一人ずつ読者を増やしていく努力を積み重ねていった結果、5巻か6巻が出た頃になってようやく男女比が5：5になったのです。そうするうちに、単行本全体の売上も、じわじわと伸びていきました。

最終的に、美容室に送るところから始めたプロモーションが、どれほど効果があったのかは正確にはわかりません。作品自体もどんどんおもしろくなっていったので、自然と口コミが増えていて、何もやらなくても一緒だったかもしれません。

でも、このように**自分で仮説を立てて、情報を集めて、仮説を補強し実行していると、仕事が楽しくなっていきます。**結果が出るのが楽しみになる。楽しいから、もっとやりたくなる。新しいことを成功させるときに、こうして楽しむことも、実は大切な要素だと思うのです。

「情報のほうが間違っている」と考える

ぼくは「今ある情報が自分の考えている仮説と違う」ときには「情報のほうが間違っている」可能性も考えます。

知り合いの経営者がこんなことを言っていました。「自分が言ったアイデアについて、まわりの人間が全員『それはないでしょう』と反対したときこそ『このアイデアの素晴らしさに気付いているのは世界で自分だけだ！』と逆に興奮する」と。それを聞いてぼくも深くうなずきましたが、他の経営者も何人かが「自分も同じだ！」と賛成していました。

すぐに賛同者が出るようなアイデアは、新しいことではありません。「新しいことをやろう」と覚悟を決めているのなら、そういう態度でいることは大切だと、ぼくは自分に言い聞かせています。

小山宙哉さんは、デビューしてから何本かの作品を「モーニング」に掲載しました。でも、読者アンケートの評判は芳《かんば》しくありませんでした。

ぼくは新人作家を育てるときに「作家の個性を雑誌に合わせてもらおう」とはまったく思いません。「その人自身の個性をいかに発揮してもらうか」、そこに全力を注ぎます。

作家というのはオリジナリティが勝負です。それを既製の箱の中に無理やり入れてしまうことは、せっかくの個性を潰《つぶ》してしまうことになる。そうすると、一時は売れるかもしれませんが、長く活躍することはできません。

むしろ逆に、**強烈な個性を持っている作家がいれば、「世間をその作家に合わせる」ように仕向けるべきだと思っています。**世間が寄り添えるような販売戦略を立てるのがぼくの仕事だ、と考えているのです。

だから小山さんのアンケートハガキが悪かったときも、まったく心配しませんでした。ぼくはすごくおもしろいと思っているわけだから、**「ぼくみたいな人がアンケートを送りやすい仕組み」に変えれば、結果が出るはずだ**と思っていたからです。

ぼくは編集長に対して「今どき郵便ハガキのアンケートなんて時代遅れじゃないですか？ 20代、30代の声を拾うのに適切な方法だとは思えません。携帯サイトを使ってアンケートを取りましょう」と提案しました。

幸いにもその案を採用してもらい、実際に携帯アンケートをやってみると、ハガキよりも5歳以上平均年齢が若くなりました。さらに、小山さんに対する評価も、ハガキのアンケートよりもだいぶ良くて、若い読者には支持されているということがわかったのです。

この携帯アンケートの結果から、小山さんと新しい連載を始めることができました。このときも「若い読者は小山さんの感性をわかってくれるはずだ」というぼくが立てた仮説がもとになっています。その仮説を証明するために、携帯アンケートという「情報」を集めてきた。目の前にある結果の悪いアンケートを信じて、どうやって人気をとろうか、小山さんと話をしていたら、『宇宙兄弟』は生まれなかったでしょう。

とにかく数字・データなど、今ある情報を見ても早合点《はやがてん》しないこと。情報が間違っている可能性も考慮すること。目に見える数字のデータであっても、集め方次第で数字は変わってきます。**数字をつくり出したのも人間なので、なにかしらの意図があることも少なくない**からです。

過去の数字・データを鵜呑《うの》みにせず、むしろ自分が普段の生活や仕事で感じていることを信じることが大切なのです。

「仮説」とは「定義」である

さて「仮説を立てよう」と言われても、これまでやったことがない人は「何が仮説なのか」「どうすれば立てられるのか」がすぐにはわからないかもしれません。

そこで仮説を立てることを別の言葉に置き換えてみたいと思います。それは「定義する」という言葉です。**「仮説を立てる」ことと「定義しようと試みる」ことは、ぼくにとってほとんど同じ**です。

ぼくは社員や知人と話していると「いつも質問攻めにあって責められてるみたいに感じる」と言われることがあります。

たしかにぼくは「なんでそうしたの?」「どうしてそう思うの?」といった具

合に、畳み掛けるように質問することがよくあります。それは、ぼく自身が心の中で、いつも問いかけていることです。他の人にはその10分の1くらいしか聞いていないつもりなのですが、けっこうプレッシャーを与えているみたいです。ちょっと控えたほうがいいかもしれませんが、ぼくにはそれくらい「なんで?」と思うクセがあります。

たとえば「『売れる』ってどういうことだろう?」と考えてみる。作品が単にたくさん売れることとか、作家の知名度が向上することとか、日本だけでなく海外でも評価されるようになることとか、何年経っても残る作品を生み出すことか……。考えだすと簡単に定義するのは難しいものです。

また、ヒットしている作品があったら、「どうしてこの作品は売れているんだろう?」と考えてみる。作品そのもののおもしろさが理由か、キャラクターに魅力があるのか、ストーリーがおもしろいのか、マーケティング戦略が上手いのか、それは誰がどういう風に仕掛けているのか……。これも考え始めるとキリがありません。

そういう質問を自分にも他人にもしてみて、自分なりの答えを出していくことが大切なのです。**なにごとも「定義する」訓練を積むことで、自分なりの仮説を生むことができるようになる**のです。

小さなことでも「定義しよう」と思うことは、ぼくの作品の作り方にも影響を与えています。たとえば「いい作品って、なんだろう?」という質問に対して、ぼくには自分なりの答えがあります。それは「世の中に新しい定義を与えること」です。

二重構造でわかりにくいかもしれませんが、ようするに**「いい作品とは、新しい定義を生み出すことができるもの」**。これがぼくのいい作品の「定義」というわけです。

たとえば受験マンガの大ヒットとなった『ドラゴン桜』を作るときには、「教育の再定義をしよう」と考えました。

あのマンガの連載が始まった2003年頃は、東大に対する世間のイメージは今とずいぶん違ったものでした。「受験勉強をガリ勉で乗り越えた人が多い」みたいな印象を抱いている人がたくさんいたのです。だから東大生自身も、「どこの大学なの？」と聞かれると、「東大です」と答えるのがちょっと恥ずかしいというような空気があった。

でも『ドラゴン桜』がヒットしたことによって、東大に行くことの意味とか、受験勉強をすることの意義が、大きく世の中で変わりました。実際、『ドラゴン桜』以降、書店には「東大生が教える○○」みたいな本がたくさん並ぶようになりました。

『ドラゴン桜』を通じて、「受験勉強は、おもしろくなくても『やる価値のあること』であり、トップである東大を目指すのはいいことだ」と教育を再定義しようとしました。その定義を考えている過程で、「教育業界に認められれば、世間も『ドラゴン桜』を信頼して、読まれるようになるのではないか」という仮説が生まれました。

そこで、**書店のマンガコーナーのみならず、学習参考書のコーナーにもマンガを置いてもらえるように書店を回ろう、というプロモーション**を思いつきました。当時、参考書のコーナーにマンガを置いてもらうのは、ほぼ前例がありませんでしたが、結果的にとてもうまくいき、『ドラゴン桜』はヒットの道をたどることになったのです。

ドラマにもなった『働きマン』という安野モヨコさんのヒット作は「働くこと」の意味を再定義しようとした作品です。連載開始前、一生懸命に働く人がかっこわるくて、プライベートを充実させて、そこそこ働くのがかっこいいとされている空気が社会全体にありました。そのような価値観へのアンチテーゼ、**「必死にボロボロになるまで働く人はかっこいい」という働き方の再定義**が、作品の裏のテーマです。

作中では、いろいろな登場人物が「働くとは、どういう意味を持っているのか？」を問い続けます。主人公の松方弘子は、大手出版社で働く30歳間近の女性です。学生時代の友だちはどんどん結婚して子どももできて幸せそうにしているのに、自分は週刊誌の編集部の最前線で毎晩徹夜しながら必死に働いている。「いったい自分は何のために、こんなに一生懸命働くのか？」と自分に問いかけます。

『働きマン』の第1話の最後にはこんな会話があります。

若手編集者の「オレは『仕事しかない人生だった』そんなふうに思って死ぬのはごめんですね」というつぶやきに対して、弘子は「あたしは、仕事したな――、って思って死にたい」と答える。

ぼくは、ここを読んで、自分は仕事したなーと思って死にたい、と感じました。そういう安野さんと同じ価値観を共有しているということを、強く認識したのです。

ぼくは起業する勇気を、この作品からもらいました。

『宇宙兄弟』で「再定義」したかったこと

『宇宙兄弟』では、**「人の絆《きずな》」を再定義**してみようと考えていました。兄弟の絆、友人との絆。それが、小山さんの良さを引き出せるテーマだと思ったからです。

もうひとつ、絆をテーマにしようと思った理由があります。それは、連載が始まる前、モーニング編集部で事務をしている女性のある言葉がきっかけでした。

彼女はジャニーズが大好きで、机の上には追いかけているジャニーズのメンバーの写真がところ狭しと並んでいます。雑談で「メンバーの○○君が素敵」という話をされても、ぼくにはさっぱりわかりませんでした。もう一人いる事務の女性もジャニーズが好きで、二人はいつもジャニーズ話で盛り上がっています。あるとき「いったいジャニーズの何がそんなにいいんですか？」と聞いてみました。

本当にわからなかったのです。彼女が好きだというメンバーよりカッコイイ俳優なんていくらでもいるのに、どうしてそんなに好きなのか。

すると「メンバー同士の仲がいいのが、好きなんです」という答えが返ってきました。もう結成して十数年にもなるジャニーズのそのグループは、メンバー同士がすごく仲が良くて、その様子を見ているだけで幸せになってくるのだと言います。

考えてみると、女性に人気のＢＬ（ボーイズラブ）マンガというのも、男同士の「からみ」がポイントです。「人は、強固な絆に、すごく惹《ひ》かれるんだな」と気付きました。

どんな人も、学生時代からの友だちとか、仕事のつきあいとか、いろんな人間関係を持っています。でも、長期にわたって本当に濃密な人間関係を築いて、お互いに信頼し合うような絆を作り上げることはとても難しく、実現できている人はあまりいません。

だから、ジャニーズの人気グループみたいに、ずっと同じ仲間と仕事を続けて、互いにプライベートもすべて知っているような濃密な関係を見て「いいなあ」と憧《あこが》れを感じて、好きになるんだろうな、と思ったのです。宝塚やＡＫＢ48を好きな人も、同じではないでしょうか。

そこで**「真の友情」や「濃密な絆」をテーマとしたマンガにすると、ヒットするのではないか**と仮説を立てたのです。

それが『宇宙兄弟』が始まるきっかけのひとつでした。

本当の「出版＝パブリッシュ」とは何か

これまでお話ししてきたように、ぼくはまず仮説を立てて、それを現実のものとするために全力を尽くします。

コルクの活動はまだまだ発展途上ですから、仮説を証明できていない部分も大いにある。しかし、必ず実現させたいと思っています。

いま、ぼくが証明したいと思っている仮説。それは、**「作家の考えたことを本にする」だけだったこれまでの出版の形が、「作家の頭の中を出版（パブリッシュ）する」という形に変わる**、というものです。

「頭の中をパブリッシュする」とはどういうことなのか、もう少し補足します。

この考え方は、北欧雑貨のネットショップ「北欧、暮らしの道具店」を運営しているクラシコムの青木耕平さんと話している中で、形成されていきました。

「パブリッシュ」という言葉には、**「本を出す（出版する）」という意味だけではなく、「公にする」という意味**があります。青木さんは、自分たちの仕事は単なるECサイトではなく、広義の意味で「ライフスタイルのパブリッシュ」である、と言っていました。であるなら、作家の頭をパブリッシュするには、本だけが答えじゃないという考えに至ったのです。

作家は、「異能の人」です。人口の1%どころではなく、0・1%か、0・01%くらいしか存在しません。一緒に仕事をしていて感じるのは、彼らは物語を作っているのではなく、頭の中にもうひとつ別の世界を持っていて、そこへトリップしているのです。

だから、本という形だけだと、作家が創造したものの10%くらいしか使用していないことになります。それを、30%、40%に高めていくのが、これからの時代の編集者の役目だとぼくは考えているのです。

ここ数年の技術革新により、さまざまなものを小ロットで精度よく作ることが可能になってきました。本だけでなく、作家の世界を雑貨やアパレルなどの商品に落とし込むなど、作家の頭の中をパブリッシュできる下地が揃《そろ》ってきているのです。

作家とそうではない人の分水嶺《ぶんすいれい》は**「頭の中にもうひとつ別の世界があるかどうか」**です。作家がストーリーを考える、と言いますが、そばにいると「考える」というより「トリップして、観察して、ドキュメンタリーを撮ってきている」感じなのです。

小山宙哉さんが『宇宙兄弟』を作っているときは、本当にマンガの舞台である２０２５年に移動して、ムッタの横に行って、そこでカメラを回していて、それで帰ってきている。だから、理系でもなく、工学の知識がまったくないにもかかわらず、研究者が「どうやって解決策を思いついたのか？」と質問するくらいのアイデアを作中に描いたりできるのです。

よって、ストーリーを作っているときの作家には、電話をしても滅多に出てくれないし、何かを伝えてもほとんど忘れ去られてしまうくらいです（笑）。

それくらい異能の力を持っている作家の世界をパブリックのものにする。その責務が編集者にはあると思うのです。

これから世の中が、より「インターネット化」していくことは不可避です。ぼくがそれを望んでいるかどうかは、関係ありません。不可避であれば、それへ向けた対策をしていかなければなりません。

そのときに、キーワードになる言葉が、**「全体的」**です。「全体的」が重要な概念になることを気付かされたのは、糸井重里さんの『インターネット的』（PHP文庫）を読んだときでした。糸井さんは、インターネットによってどのような変化が起きるかの仮説を立て、それを「ほぼ日刊イトイ新聞」で実践しています。

「インターネット的」な世界では、すべてのことが可視化されます。コントロールしたり、隠したりすることは、情報量が膨大すぎて無理です。とれる戦略は、ただひとつ。誠実に、正直になることです。無意識で思っていることは、リアルの世界では相手に伝わりませんが、インターネットの世界ではそれすら相手に伝わってしまう可能性があるのです。

作家が考えていることだけでなく、作家のまわりの事象も、ネットの中だと重要になってきます。ある作家がファンからどれだけ信頼されているかも、ネットでは可視化されていきます。「評価経済」という言葉もある通り、ネット上の評価がリアルの世界にも影響する。そのすべてが重要になってくるのが、「全体的」ということです。

今まで作家は、「本」という形で自分の頭の中にあるものを表現し、読者に伝えていました。本は1年に1回か2回くらい出せばいいものなので、どのようなことを読者に伝えるのか、コントロールできます。しかし、現在はそれが変わってきています。圧倒的な情報量の前に、「コントロールする」ことは諦《あきら》めざるをえません。自分のすべてを見せるしかないのです。

これは、作家だけでなく、企業も同じでしょう。ネットの中で、不正や不誠実なことは、すぐに見つけられ糾弾《きゅうだん》されます。全体的であり、信頼を勝ち得ていると、現実と同じように、ひとつのミスは、ミスとして済みます。しかし、コントロールしようとして、全体を隠していると、必要以上に余計な詮索《せんさく》を生んでしまいます。

「世の中のすべてのプロダクトが、サービスに変わってきている」と言い換えることもできるでしょう。

ホテルのサービスは、24時間、365日で「全体的」なものです。だから「これぞ!」というサービスを1回やったら終わりではなくて、ずっと質の高いサービスを提供し続けなければなりません。だから、働いている従業員の意識や行動の質を底上げしなければいけなくて、いいホテルはそのレベルが高いことが求められます。

同じように作家も、**本というプロダクトひとつではなく、そのまわりに付随するすべてを、誠実にパブリッシュしていくことが、求められていく**のです。ただ、作家は、作品を生み出すことに全精力を使っていて、それ以外のことをする余裕なんか残っていません。そこで、それをサポートするのが、コルクの役割です。

コルクは、作家のホームページやツイッター、フェイスブック、インスタグラムを運用することによって、作家の頭の中にあることすべてを「全体的」に世の中に問おうとしているのです。

パブリッシュするのは、作品そのものや作家の情報だけではありません。作品の世界に出てくる、さまざまなものもパブリッシュします。

安野モヨコさんであれば、安野さんが作中で描いた商品を「パブリッシュ」することもあります。たとえば『鼻下長紳士回顧録《びかちょう》』という作品に合わせて下着を作ったり、『シュガシュガルーン』の世界観に合ったルームウェアを作ってみたりといった具合です。

以前、雑誌「AERA」で連載していたマンガ『オチビサン』を世にパブリッシュするとしたら、『オチビサン』の世界観をリアルに再現するという企画も考えられます。

鎌倉などで和の良さが残っている古民家を旅館に改装して泊まれるようにし、調度品もすべてオチビサン的な世界のものを揃える。調度品は物販として販売することも可能です。安野さんの頭の中をパブリッシュして、テーマパークのような場所を作ることだってできるでしょう。

いまは、作家の創造物は、本という一様の形になって、世間に届けられます。しかし、「作家の頭の中をパブリッシュする」とき、世間への届け方は、作家ごとにちょっとずつ変わっていくことになるのです。

作品を世界に届けるための「コルク」になる

なぜぼくは、会社名を「コルク」にしたのか。

ワインを世界中に運び、後世に残すまでには、必ずいいコルクで栓《せん》をする必要があります。それと同じように、**作家がいい作品を書いたとき、それを後世に残し、世界中に広めようと思ったら「コルク」という会社が必要である。**そんなふうに作家やファンに思われる会社になりたいという思いを込めました。

もうひとつ、込めた思いがあります。

ワインは、作り手と作った時期によって、値段が変わります。ボトルの大きさが同じなら、値段が一緒ということはありません。しかし、本は、本の大きさやページ数で値段が変わり、誰がいつ作ったかは関係しません。消費者が買うときに基準としているのは、ワインと同じように「いつ、誰が作ったか」だというのに、です。

「作品も『誰がいつ作ったのか』という基準で値段が変わるほうが、作家が作品を発表しやすい市場になる」というのも、ぼくがコルクで証明したい仮説です。

作家を取り巻く市場を整えるのが、コルクの役目だと思っているのですが、優れた作品を世界中に広めるため、何を考え、どう動いてきたのか。この章の最後に、そのことについてお話しします。

「『宇宙兄弟』は、絶対に世界中で読まれるはずだ！」

そう思ったぼくは、アメリカをはじめとした世界の市場を自分なりに調査してみました。すると実は、世界のマンガの市場は、「クール・ジャパン」などと言われていますが、ほぼ存在しないくらい小さいことがわかりました。

ほとんどの地域で「マンガ」と「アニメ」がほぼ同義語として捉えられてい

て、**世界中の人はテレビで「アニメ」は観ているのですが、本の「マンガ」はまったく読んでいなかった**のです。だから日本の「マンガ」を広めようと思っても、簡単には広がらないことがわかりました。

日本のコンテンツの輸出は、基本的に「待ち」の姿勢です。海外からオファーがあったら、交渉して契約をする。ただそれだけです。

状況はかなり絶望的でしたが、やれることはたくさんある。そう思いました。ベンチャーには資本と時間がないので、優先順位を決めないといけませんが、とにかく動くのみだ、と腹をくくり、行動に移していきました。

コルクを作って一番はじめにやったことは、基本中の基本です。「作家のさまざまな作品の権利の状態がどうなっているのか」をまとめた表を作ることでした。

映像化はどうなっているのか、デジタル化はどうなっているのか、オーディオブック化はどうなっているのか、海外版権はどの国でどういうふうになっているのか。そういうことをすべて整理したのです。さらに契約期間が過ぎて権利が空いているものもありますから、そこも調べて整理します。

そこに新しさはありませんし、地味な作業ですが、作家、作品ごとに権利状況を整理し、戦略を立てている会社は、ぼくの知る限り日本にありませんでした。新しい作品を作って管理することは出版社がやっていますが、過去の作品を含め、権利を整理して戦略を練ると、これまでとはまったく違う状況が見えてきました。

また、海外の出版社の翻訳文学担当といえども、日本語がペラペラの人はほとんどいません。先方のオファーを受けて翻訳を許諾《きょだく》するのではなく、コルクでは翻訳を作って、こちらから売り込みにいくことにしたのです。そのために、各国の優秀な翻訳者のリストを作り、その人たちと関係を築いていくこともしました。

うまくいき始めているのが、伊坂幸太郎さんの海外ライツです。

以前は、各出版社が、おのおの海外と契約をしていました。出版社はライバル同士なので、情報共有がなされていません。よって、韓国や中国の出版社の人たちも、日本のようにヒットへと導きたくても、総合的な戦略が立てられなくて、苦労していたのです。

伊坂さんの作品は、初期は推理小説だったのですが、途中から、その枠を超えたエンターテイメント小説を書いていて、日本ではミステリーファン以外にも読まれています。しかし、韓国では、ずっと推理小説の棚に置かれてしまって、知名度が上がりにくい状況でした。

そこでぼくらは、権利の切れているものや絶版になっているものも含めて一度ぜんぶ整理し直して、韓国や中国の出版社に営業をかけました。各出版社にプロモーション案を出してもらって、長期的戦略を共有できる出版社だけに絞りました。許諾先を多数から数社にしぼり、一社で複数の作品を連続して出せるようにし、広告費を使えるようにしたのです。すると競争原理が働くようになりました（2021年現在では、伊坂さんとの契約は終了し、他社で運用中）。

海外で受け入れられている日本の作家といえば、村上春樹さんです。

なぜ村上春樹さんは、うまくいったのか？

それは、**村上春樹さんが、海外ライツを日本の出版社ではなく、アメリカのエージェントに預けた**ことが大きな要因だと推測しています。

村上春樹さんは、自分の作品を自費で翻訳して、それを海外に持っていったといいます。さらに時間をかけて丁寧にプロモーションをしていき、作品の認知度を上げていきました。村上春樹さんですら、いきなり売れたわけではありません。20年近くかかって、今のような地位を築いたのです。最初の頃は、アメリカのいろんな書店を巡って、すごく人数が少ない中で朗読会をやるなど、地道な努力をしてきたといいます。

世界で村上春樹さんの作品が圧倒的に売れている結果だけを見ると、村上春樹さんの作品だけが圧倒的に優れているのではないかと思いがちです。もちろん素晴らしい作品なのですが、それだけではなく、**それをどういうふうにして世界中に届けるのか、そのことを村上さんはきちんと考えていた**のです。

コルクはまだ、海外関係の売り上げは全体の15％ほどに過ぎませんが、これからどんどん世界中に「作家の世界」をパブリッシュしていき、海外の売り上げが60〜70％を占めるような会社にする予定です（2021年になってもこの比率はあまり増やすことができていなくて挑戦中）。

小説だけでなく、もちろんマンガも動いています。コルクがエージェントをしている作品は、ほぼすべて日米同時連載で、英語圏の読者は、ネットで同じタイミングで読めるようになっています。

さらに、中国にも定期的に営業に行っていたことで、大きな案件を決めることができました。アリババが動画に参入する際の原作として『ドラゴン桜』が選ばれ、40話のドラマになることになったのです。韓国でのドラマ化も社会現象となったので、中国でも社会現象にすることを目指しています（アリババは、動画を作らないまま契約が終了。その後、別の制作会社と契約し、2021年脚本を開発中）。

また、まだ作品名を公表できないのですが、コルクのある作品はハリウッドの有名クリエイターとの契約も成立し、アメリカでの映像化に向けて、脚本が制作されています。

日本でヒットしたものだけを海外に持っていくのではなく、すべての作品を世界に同時に持っていく。それが、これからの時代の作品の発表の仕方ではないか。

これらコルクの「大胆な仮説」は、これから現実のものにする。そのために日々行動しているのです。

第2章

「宇宙人視点」で考える

本質を見極め常識を打ち破るための思考法

「宇宙人視点」で本質が見える

大胆な仮説を立てるためには、あらゆる常識や、これまでの慣習というものに囚われず、自由に思考することが大切です。

ぼくはものごとの本質を考えるときに**「自分が宇宙人だったら、どういうふうに考えるだろう」**と思考しています。

ぼくは、中学生時代を南アフリカ共和国で過ごしました。高校生になって日本に戻ってきたとき、かなり客観的に、日本の習慣などを眺め、思考することができました。その感覚を意識的にするために、あえて極端に「宇宙人視点」という考え方をして、客観的な視点を持とうとしているのです。

本章では、仮説を立てるときの前提となる「宇宙人視点」について語ります。

「ステルスマーケティング」は定期的に問題になってきました。いわゆる「ステマ問題」です。タレントが自分のブログで「お気に入りの商品」を紹介したのだけれど、実はそれが企業からお金をもらっている広告だった、という問題です。事実が発覚すると批判が集中し、謝罪をする。そういう場面を覚えている方も多いと思います。

一方でテレビをつけると、有名なサッカー選手がひげ剃《そ》り用のカミソリのＣＭに出て「切れ味バツグン！」などと言っています。でも、この場合は「サッカー選手は、お金をもらってカミソリを絶賛していてひどい！」などとは誰も言いません。最近は「ＣＭ上の演出です」と小さく書かれているものもありますが、サッカー選手がテレビに映った際に「ＣＭなのでカミソリを褒めています」などといったテロップが出ることはありません。

ブログの場合だと大バッシングにあうのに、テレビＣＭであれば問題ない。この二つの差を、**もし「宇宙人」が見たら、差に気付けるでしょうか？** どちらも同じ広告なのに、なぜ一方だけが非難されるのか――。

ステマ問題は「ブログでは本心しか語られていない」という思い込みが読者側にあったからこそ問題になりました。「本心しか書かれていないはずのブログで広告なんて！」と、読者が騙《だま》されたと思い、怒ったのです。

しかし、前提情報のない宇宙人が見たらテレビもブログも両方とも一緒です。

このように「宇宙人視点」で思考してみると、本質が少しずつ見えてきます。

そして、**社会がいかに「何となくのルール」で回っているか**がわかります。

「ブログには本心しか書いてはいけない」などという明確なルールがあるわけではない。でも、ステマ問題を見ると、多くの人のあいだで「暗黙の（もしくは業界の）ルール」ができていて、そのルールを破っていることが問題になっているのです。

「表面」に惑わされず「骨格」を見る

ぼくは独立してから、いろいろな会社のビジネスモデルを調べましたが、そのときもできるだけ「宇宙人視点」で考えようとしました。

宇宙人には、レッテルやイメージという固定観念もなければ、**業種という概念もありません。**よって、純粋なビジネスモデル＝骨格だけが浮かび上がってくるのです。

たとえば、一般的に「出版社」というものは、「本や雑誌を作っている会社」と思われています。もちろん間違いではないのですが、それが出版社の強みなのでしょうか？　出版社というイメージに引っ張られないで「どういう仕組みになっているか」に注目してみる。すると、その本質が見えてきます。出版社だけの特徴や強みはどこにあり、どのように利益を出しているのでしょうか？

実は、**出版社の強みは「流通」**にあります。

出版の世界には、出版社以外に、本を販売する「書店」と、金融や流通を真ん中で仕切っている「取次会社」という存在があります。この出版のシステムがあるから、全国一律に本というものを書店の店頭に届けることができるのです。そして、本というモノをこのシステムに乗せられるのは出版社しかありません。

本や雑誌を作ることは、印刷機とパソコンがあれば、今や個人でもできることです。しかし、それを全国の書店の店頭に並べることは、今のところ出版社しかできません。全国に配本して店舗で売るというシステムがあるからこそ、雑誌に広告を入れるなどの収益も得られる。書店という、読者につながるためのチャンネルを独占的に押さえているところに、大手出版社の強みがあります。

同時に、そのチャンネルが弱くなってきているから、出版不況が起きている。出版社のものづくりの能力に大きな変化が起きているわけではないというのが、ぼくの見立てです。

そう考えれば、出版社が収益を上げるために取り組むべきことは、コンテンツの質の向上というよりも、流通の再構築でしょう。電子書籍も含めて、どのような新しい流通の形を作るのかを考えていかなければいけません。

同じく**新聞社も最強の流通業者であり、宅配業者**です。1000万ほどの家に毎日朝と夕方に紙の束を届けることができるという「最強の配達網」を押さえていて、さらに地域ごとの対応ができているため、新聞に広告を出したり、チラシを入れたいと思う企業があるのです。

新聞社の強みは記者の質の高さやジャーナリズム精神だと思いがちですが、ビジネス面の強みはそこではありません。

常識や表面的なものに囚われず「まっさらな頭」で考えるために、ぼくは年に2回以上は、どんなに忙《いそが》しくても海外に行くことにしています。どちらにしろ、コルクは海外展開をしているため、海外に行く必要があるのですが、そのたびに常識を疑う機会ができます。違う文化圏に身を置いてみることにより「宇宙人スイッチ」が入りますし、日本を一歩引いた視点で見ることができるのです。

うまくいかない原因を冷静に見つめてみる

本質を見抜けず原因を見誤ると、間違った対応をして、より状況を悪化させます。

テレビ、新聞、出版、すべてのマスコミは、コンテンツに自負があるため、外部要因を軽く見すぎていて、対応を間違っているように思えてなりません。

インターネット業界のプログラマーは、ユーザーがストレスなくサービスを使えるように、1秒以下の時間でも表示が速くなるように切磋琢磨《せっさたくま》しています。そんなわずかな差がどれだけユーザー数を変えるかを、身にしみて実感しているからです。

フジテレビの視聴率が、テレビ朝日に負けているのは、なぜか？

世間では、視聴者が高齢化・低年齢化して、若者向けのフジテレビの番組が支持されなくなっているとか、番組がつまらなくなったから、という意見が多いですが、果たして本当でしょうか。

これは、シンプルに**「8チャンネルが地デジ化によって押されにくくなったから」**というのが一番の要因です。地デジ化で、テレビ朝日は10から5に変わりました。しかし、フジテレビは8のままです。

テレビ番組のチャンネルをひっきりなしに変えることをザッピングと言いますが、ザッピングを1チャンネルのＮＨＫ総合から順にしていくと、どういうことが起きるでしょう。当然、前のほうにあるチャンネルのほうが有利です。そこでおもしろそうな番組があれば、ザッピングをやめてしまうのですから。

テレビ局名を意識してチャンネルを選ぶ人は、一般的にはわずかでしょう。選ぶ理由は、「なんとなく」。そのなんとなくの機会が一気に減ったのが一番の原因だというのが、ぼくの仮説です。

ザッピングの際に生じるわずかな差が、人気テレビ局とそうでない局をわけるほどの大きな影響を生じさせていたとしても、なんら不思議なことではない。なのに、フジテレビのコンテンツがテレビ朝日より質が低いと決めつけて、対策を練っているように外部からは見えます。

それは、何ひとつ走りのフォームは間違っていないのに、走りのフォームを無理に修正して体を壊してしまった選手のような状態です。ストップウォッチが壊れているだけかもしれないのに、です。

ストップウォッチが壊れている可能性を一度も考えないで、フォームのせいにするから、どんどんひどい状況になってしまうのではないでしょうか。

これは、雑誌の世界にも起こっていることです。雑誌は販売部数の落ち込みが深刻ですが、20～30代の人口動態に合わせて雑誌の部数を測っていくと、それだけでもかなりの部数減が想定されます。ターゲット層の人口自体が減っているからです。

しかし、雑誌を発行するには固定費がかかるので、現在の部数ではビジネスが成り立たない。だから、「内容が悪いのではないか」とあれこれ考えて、手を打つ。その結果、人口の多い高年齢者向けに自然と落ちついてしまいます。

コンテンツ業界を見渡していると、このように**「仕組みのせいで能力を発揮することが阻まれているだけ」なのに、それが才能のせいだと思われている**ケースが多いように感じています。だからこそ宇宙人視点で冷静に考えてみることが大切なのです。

明治維新のときに「一般人」は何を思っていたのか

今のような激動の時代において、「時代の大きな流れ」を見極めることは大切です。そのために、ぼくは**「過去にも同じようなことがなかったのか」**を想像しています。

激動の時代といえば、明治維新でしょう。

明治維新の前に幕府側の組織に就職した人は、どんな気分だったでしょうか？きっと「うわ、いいところに就職した！」と思ったのではないでしょうか。そしてこんな会話をしたのではないかと想像するのです。

「どこも今、財政厳しいよね」「そうはいっても御三家は大丈夫でしょう」「どんな時代がきても江戸幕府は大丈夫だよ」……。

しかし、ご存知のように明治維新という本当に大きい流れ、開国というダイナミックな流れの前では、「絶対に大丈夫」という組織は存在しませんでした。それに気が付いていた人は、ごく一部だったでしょう。

社会の中にいると、その中で起きている変化に気付かないということは、往々にしてありえます。現在の出版やコンテンツ業界の状況も同じかもしれません。中にいたら気付かない変化が、日々刻々と起こっています。

また、明治維新のことを考えるときに、ついつい幕末の志士や政府の動向といった「革命的なほう」を想像しがちなのですが、そうではなくて、一般の人たちの雰囲気《ふんいき》がどうだったのか、**普通に生活していた人たちがどんなテンションだったのか**、ということを一生懸命想像してみるようにしています。

南アフリカに住んでいたとき、ネルソン・マンデラが選ばれた大統領選がありました。歴史に残る革命的な日だったのですが、ぼくは普段とまったく変わらない日常を過ごしていたのです。「今日、時代が変わるのだ!」と、頭で意識しないかぎり、その特別さに気付けないほどの日常でした。

それと同じで、明治維新のときも、ほとんどの人が「時代が変わる」ことに気が付いていなかったのではないかと思います。

過去の歴史的な転換点を振り返ってみても、50％以上の人が時代の変化を認識していた、という事例はありません。きっと15％くらいが分水嶺でしょう。「時代を変えたい」という人が15％を超えると、雪崩《なだれ》のように世界が変化していく。

「ティッピングポイント」を超えると一気に変化は加速していきます。

今、まさにこの分水嶺を超えるかどうかの時期に差し掛かっているのです。

お金の形態が変わってから世の中が変化する

宇宙人視点で世の中を見渡してみると、いろいろな変化に気付くことができます。『インベスターZ』（三田紀房）は、超進学校・道塾学園に入学した財前孝史が、投資に挑むマンガです。道塾学園は炭鉱開発などで財をなした富豪が設立した学校で、生徒や保護者の負担をなくすため授業料を払わなくてもいいことで知られていました。しかし、実は各学年の成績トップの者から構成される投資部が、その資金を稼いでいた——。そんな物語です。

この『インベスターZ』でお金について取材しているうちに、おもしろいことがわかってきました。

取材前は、世の中が変化して、必要に迫られてお金のあり方が変化するものだ、と漠然と考えていました。しかし実際には、お金の形態が変わってから、それに刺激されて世の中が変化する。その繰り返しであることがわかったのです。

人類最初の経済活動は、物々交換です。物々交換は、相手を信頼していないかぎりできません。相手の物が腐っていたり、壊れていたりしたら、自分が損をしてしまうからです。

さらに、穀物や貝殻などの保存できる物が対象になってくると、ある程度信頼の担保がなくても物々交換ができるようになりました。たとえば、言葉が通じないような相手とも、物々交換ができるようになる。経済活動できる範囲が大きく広がるようになったのです。

文明が広がるきっかけは、「貨幣」の発明です。コインになり、紙幣になり、株式になりと変化を遂げるたびに、文明はどんどん広がっていきました。

注目したいのは、経済活動の範囲が広がったから貨幣が発明されたわけではない、ということです。**貨幣ができたから経済活動の範囲が広がった**のです。

世の中が変化したから、お金の形態が変化したわけではなく、お金の形態が変わったから、世の中が変わっていった。お金の形態が変化するときは、それにともなって大きく世界が変わるときなのです。

さて、現代はどうでしょうか？　「電子マネー」や「ビットコイン」なども出てきて、「国がお金を発行する」という原則すら変わろうとしていますし、国境をいとも簡単に越えるようになった。そもそもお金を介さないような取引も増えていますし、シェアリングも増えてきています。

お金が変わろうとしている。ということは、時代が変わる、ということなのです。

「ヒマだから映画に行く」という時代は終わった

変化しているのは、お金の形態だけではありません。最近になって、時間の感覚も大きく変わってきていることを実感しています。

そのことを考えるきっかけをくれたのは、nanapi代表取締役・古川健介さんの「けんすう日記」でした。

たとえば1日中、何もすることがなかったとします。ひと昔前までは、そんなとき「今日はヒマだから映画を観に行こう」と思ったものです。しかし、最近では「ヒマだから映画を観に行こう」という感覚は、あまり一般的ではありません。

映画はヒマだからふらっと観に行くものではなく、「予定を立ててわざわざ観に行くもの」になっているからです。２０００円近い料金を払って、２時間くらい劇場に座り続ける。もはや映画はヒマつぶしではなく、立派な「イベント」になっているのです。

では、最近の人はヒマなときに何をしているのか。日常を思い出すとわかるかと思いますが、スマートフォンでしょう。その時間は、おそらく5〜15分。**「ヒマ」という感覚が細切れになっているのです。**だから、「わざわざ」観に行く映画には、「ヒマだから」という表現は使わない。

時間の使い方を変えてしまうような機械やサービスもどんどん開発されています。

たとえば、テレビの全放送を自動で録画してくれる「全自動録画機」。パナソニックから発売されている「DIGA」やベンチャー企業が開発した「ガラポンTV」などが有名ですが、これがあればリアルタイムで放映を見逃したとしても、好きな時間に視聴することができます。当然、番組を録画して後から視聴することは、これまでもありました。しかし、「全自動録画機」があれば、空いた時間に気になった番組を気軽に観ることができる。原則、「リアルタイム」だった視聴形態が変わりつつあるのです。「全自動録画機」がもっと普及すれば、テレビの番組も、ネット上の無数にある動画と完全に変わらなくなります。

他にも変化している感覚があります。たとえば「めんどくさい」という感覚です。

動画配信サービスのＨｕｌｕを使うようになってから、ＤＶＤを入れるというその動作すらめんどくさく感じませんか？　同じようにｉＴｕｎｅｓを使うようになってからは、ＣＤをパソコンに取り込むということすらめんどくさくなってしまった。

「めんどくさい」と思う基準すら変わってきているのです。

ＩＴ系の企業が運営しているオリジナルマンガが読めるアプリがあります。このアプリは、アイコンを押すとすぐにバナーが出てきて、いきなりコンテンツを絵で見られて、直感的におもしろそうなマンガをすぐに読める。２回のタッチでコンテンツに辿《たど》り着けます。

一方で、キンドルのような電子書籍系のアプリでは、読んでいる途中の本以外を読みたい場合、本をダウンロードしてある「ライブラリ」に戻ってから読みたい本を探さなくてはいけません。

ＰＣで紙の本を買う分には、圧倒的な便利さにこだわったアマゾンも、アプリではたくさん「めんどくさい」と感じる操作性を残してしまっている。スマホ時代の感覚に対応できていません。

途中にタップを挟む回数を減らして、すぐにコンテンツが見られる。それがすごく重要です。フェイスブックアプリもツイッターもすぐにコンテンツが見られる仕様です。

お金の形態や時間の感覚が変わり、めんどくさいの感覚も変わってきている。**めったに変わらなかった感覚が、10年ほどで大きく変化するような時代**です。そのことで、人や社会はどうなっていくのか――。

予測は難しいですし、それがわかれば苦労はないのですが、これらの変化の意味を考えることが、これからの時代を生きる上でとても大切になってきます。

時代や国が違っても変わらないもの

「何が変わっているか」をきちんと見極めるのと同時に、**「何が変わらないのか」を把握しておく**ことも大切です。そこに人間や社会の「本質」があるからです。

南アフリカで生活していたとき、「黒人だって、見た目は違うけれどぼくらと一緒だなぁ」と思ったことがありました。

ある日、住み込みの黒人のメイドさんが娘のことを思って泣いていました。娘に会えなくて、寂しくて泣いていた。

すごく当たり前のことなのですが、当時のぼくにはちょっとした発見でした。なんとなく「メイドさんはメイドさんの人生を受け入れている」ように見えて、そういう娘への愛情とかが中学生のぼくには感じ取れていなかった。だけど「あぁ、やっぱり親が子を思う気持ちは、世界中どこに行っても、どんな立場でも、みんな一緒なんだなぁ」としみじみ実感したのです。

これは、どんな国であろうと「人は基本的には変わらない」と思うようになったひとつのきっかけでした。

料理だって、世界のどこへ行ってもあんまり変わらないと思います。焼きそばにしても、パスタにしても、結局「麺《めん》」ということではほとんど一緒。地域差なんてほんのちょっとの差です。イタリアンだって、中華だって、エスニックだって、「麺」のあり方がスライドしていくだけです。以前は他の国に行くと、全然違うものが出てきたりするのかなと思っていましたが、結局は国ごとに食材とかがちょっと違うだけで、調理法は似ている。炒《いた》める、揚げる、蒸す、茹《ゆ》でるの組み合わせなのです。

料理と同じように、人間の感情もそんなに複雑じゃないし、社会もそんなに複雑じゃない。細部は複雑なのですが、根本は実はシンプルです。

ぼくはコンテンツ作りにおいて、海外にマンガを輸出するときに、いわゆる「ローカライズ」が絶対に必要だとは考えていません。海外だからといって、現地の状況に合わせるというようなことはしないのです。韓国版『ドラゴン桜』のように現地の人がローカライズして放送したことはあるのですが、こちらからお願いすることはありません。ローカライズという作業は「作り手が、作品が伝わらないからやる」というよりも、「現地の人々が、作品を広めるためにやる」作業なのです。

世界中どこに行っても、人間はつながっていて、だいたい一緒。この考え方は「時代の差」でも言えるように思います。つまり、江戸時代であれ、平安時代であれ、石器時代であれ、人って実はほとんど変わらない。

よって、**時代の空気を読みながらマンガを作るということもありません。**よく「ヒットを生み出すために、どうやって時代の空気を読んでいるんですか？」などと聞かれるのですが、ぼくはマンガ作りをするときには、あえて時代を読んでいないのです。それは「人間なんて、時代が変わっても国が変わっても、基本的には変わらない」という思いがあるからです。

日本人の心を動かすものは、アメリカ人だろうが、中国人だろうが、インドネシア人だろうが通じます。江戸時代や平安時代の作品であっても、それが素晴らしいものであれば現代人の心を動かします。『源氏物語』も、『ロミオとジュリエット』も、まったく異世界の話です。正直、細部の作者のユーモアやこだわりは、ほとんど理解できていないでしょう。それでも、現代の作品と同じように楽しめているというのが、もっとも雄弁な証拠ではないでしょうか。

本質的なものを作れば、強いコンテンツができて、ちゃんと売れていく。ぼくはそういう信念で本作りをしています。

「技術」は変わっても「人」は変わらない

コルクは、これからの出版のあり方、つまり人の読書習慣やコンテンツに接する習慣すらも変えることに挑戦します。同じ問題意識で挑戦をしている人と出会うことはあまりありません。

そういう「結果が出るかどうかもわからないこと」に力を注ぐことに対して不安にならないのか。そんな質問を受けることがあります。道なき道を歩くのが怖くありませんか、と。

ぼくだけでなく、かなり多くのIT企業が前人未踏の道を歩んでいます。グーグルもフェイスブックもアマゾンもアップルも。

でも、彼らだって人間です。そんなに大差はないはずです。**道なき道を歩む人たちがこれだけたくさんいるということは、もはや、道なき道がそこまで危険な時代ではない**ということです。

「人間はどういうときに、どういうふうに感じて、どういうふうに行動するんだろうか」ということを突き詰めていき、人に喜んでもらえるサービスを提供すれば、企業は必ず生き残ります。

編集者として、「このキャラクターはどんなふうに考えているだろう？」ということを、作家とずっと話し合ってきましたが、ぼくが今やっていることは、実はそのことと大差はないのです。

「自動車と馬車の立場が、どのように入れ替わったのか」を想像することは、今の時代への理解を助けます。

自動車というものが世に出てきたときに、自動車まわりの産業の人たちがやっていたことは、すべて前人未踏だったでしょう。でも「便利な乗り物があれば、ほとんどの人がそっちを使うようになる」というのは、確実なわけです。

「早く、楽に移動したい」という、人間が求める根っこの部分が変わらないのであれば、馬車から自動車への変化は、もはや「必然」です。馬車業界の人がたくさんいるとか、そちらへの愛着がある、といったことは、より根本的な欲求の前には負けてしまいます。

「どちらの欲望のほうが、より本質的なのか」を見極めると、どちらが残るかがわかります。

少しずつかもしれないけれど、自動車を使う人が増えていれば、その先は大きな市場になっていきます。

馬車に携《たずさ》わり続けるというのは「今の習慣が続くかもしれない」ということだ

けに懸けているわけです。「明日成功する確率」だけを見ると、馬車のほうが自動車よりも大きかったかもしれませんが、「5年後10年後」を考えればそうではありません。でも、多くの人は「明日成功しそうなほう」を選んでしまう。ぼくには**「明日失敗するけど、10年後成功している」という道のほうが、楽しそうに見える**のです。

今のことを続けるほうが、むしろリスクです。

動かないリスクのほうが、ぼくにはもう大きく感じられて怖い。多くの人は、ぼくの行動を見て「怖くないのか」と思うようなのですが、ぼくはＩＴに関わらないビジネスをするというのが、馬車にこだわるのと同じことのように感じられて、怖いのです。

ぼくの行動原理も、恐怖から来ているので、「１００％わかってること」しか、ぼくとしてはやっていないつもりです。

ＣＤショップや書店をぶらぶらして、出会いたかった作品と出会うのではなく、「ＳＮＳを通じて作品と出会うようになる」というのは、１００％起きる変化です。その変化に対応する方法はまだわからないけれど、変化することはわかっている。だから、ぼくの行動は、**「100％わかっているほう」へ懸けているだけ**なんです。

ぼくの世界の見方はシンプルです。

まずは変わらないもの（本質）を見つけること。そして、日々起きる変化の中で、何が大局の変化で、どれが一時的な文化や習慣にすぎないのかを「宇宙人視点」で見つけることです。長期的な変化が何なのか。それを予測し仮説を立てることです。

今あるすべての習慣は、技術が変わっていく中での「過渡的」なものでしかなく、「絶対的」ではない。そのことを忘れてはいけません。

なぜ今「ストーリーの時代」なのか？

「モノが売れない」と言われ始めて、どのくらいが経ったでしょうか？

こうしたモノが売れない時代こそ、作家、つまりストーリーの力が活躍します。それはなぜなのか、を語っていきましょう。

「すべては過渡期の状態である」と割り切ると、過去の流れを見ることで、浮かび上がってくるものがあります。「人が何を求めているのか」も、その流れの中で考えると予測可能になります。

戦後から考えてみましょう。戦後はモノが絶対的に足りなかったので、活躍したのは、「すぐにモノを供給できる企業」でした。モノを用意することが難しかったので、それができるだけですごかった。いわば**「モノの時代」**です。

ただ、あっという間にそのような企業の優位性は崩れて、質の高いモノを作れる企業が勝つようになります。トヨタやホンダ、ソニーやパナソニックといった今の日本を代表するような企業が活躍します。**「モノと質の時代」**です。

その次は、「デザインの時代」です。「デザイン性が必要だ」と思われていたようなものだけではなく、さまざまな業界にデザインが入り込んでいきました。佐藤可士和《かしわ》さんは、デザインが別の産業へ広がっていったことの象徴のような方です。ユニクロ、セブン‐イレブン、楽天、ヤンマーなど、デザインが関係なさそうな企業にまでデザインを浸透させました。**「モノと質とデザインの時代」**です。

次はどうなったか。人は、すぐに現状に飽きて満足しなくなります。質もデザインもいいものがありふれて、それだけだと差別化ができなくなった。さらに「安い」という特長が加わったのが、2000年代です。ユニクロは、**「モノと質とデザインと安さ」**を兼ね備えた、時代が求めているものを満たした象徴的な企業でしょう。

そして、2010年代は、どんな時代か。安くなり、食だけでなくモノも飽和状態になってしまいました。

「モノがあれば、幸せになれるはず」という幻想が通用しなくなってしまった。人々が求めているのは、実は「心が満たされること」だと気付き始めたのです。

では、人々の物欲が減る中で、どうすると心が満たせるのか？

ぼくは「共感」がキーワードだと考えます。**「背景にあるストーリーに共感するからモノが欲しい」という時代**になってきた。よってこれからは、デザイナーがさまざまな産業に入っていったように、作家と編集者の能力がどんどん必要になっていく、とぼくは予想するのです。

社会現象は、フラクタル（部分と全体とが同じ形になる）になっているので、全体の構造をあるひとつの具体例を見て確認することができます。もしも、確認できなければ、立てた仮説に穴があるということになります。

「水」を考えてみましょう。

はじめ、水は商品だと思われていませんでした。よって、「水を商品にする」という概念を作った企業が勝ちました。

次に、質が求められるようになりました。「南アルプスの天然水」や「六甲のおいしい水」など、質を保証する言葉が商品名に入るようになりました。水の「モノと質の時代」です。

質の次は「デザインの時代」です。ペットボトルが捨てやすい「い・ろ・は・す」が売れるようになりました。「い・ろ・は・す」には、デザインと同時に「ストーリー」も入り始めています。「環境に優しい」という情報が付加されているのです。

さらに「ボルヴィック」の広告キャンペーンでは、消費者が一見関係ないような「外側の世界のストーリー」で消費者に訴えかけます。ボルヴィックを1リットル買うと、アフリカで清潔な水が10リットル生まれる、というものです。

水という例からも「ストーリーを売る時代」になってきていることが確認できます。

もうひとつ、コルクが目指す理想に近い形を実現している、糸井重里さんの「ほぼ日刊イトイ新聞」を紹介します。

「ほぼ日」では、「なぜこの商品を作らないといけないのか」「どんな人が作っているのか」「どんな思いで作っているのか」ということを何日もかけて、おもしろい記事にしています。商品に興味がなくても、その記事だけで十分楽しい。先に、ファンの心を満足させるのです。記事のストーリーに満足した人は、「商品を買いたい！」と思う。

世の中のほとんどの記事は「商品を買ってください」と頼んでいます。消費者は、頼まれすぎているから、それだけで嫌になってしまうのです。

でも、ストーリーに満足している人は「買わせてください！」と頼むファンになってくれる。**「ほぼ日」は、商品のECサイトではなく、商品の背景にあるストーリーをファンに届けるECサイトです。**世界的にも、こんなECサイトはありません。

「商品を買わせてください」と思うということは、ストーリーを自分のものとして採り入れて、その商品自体を「自分ごと」として思っているということでしょう。この「自分ごととして思わなければ人は動かない」というのも、実は今の時代の特徴です。「共感」「自分ごと」は、これからの重要なキーワードだと考えます。

すべては「コース料理」から「アラカルト」へ

ストーリーが重要になる流れがきていると説明しましたが、「参加」というキーワードも重要になっています。

発展途上の文化圏では、世間が「教える側」と「教えられる側」、「見せる側」と「見る側」に分かれています。

教育も、スポーツも、茶道も、料理も、なんでもです。

日本で、イタリア料理、フランス料理のレストランができたばかりの頃、メニューはほとんどがコース料理でした。

イタリア料理やフランス料理というものを世間がまだ知らなかったので、修業に行った人たちが「こういうふうに食べるんですよ」とみんなに教えたわけです。お客さんは、学びながら食べていた。料理人とお客さんのあいだには、知識量など、越えられない一線があったのです。

現在はどうでしょうか。コース料理の店もありますが、アラカルトの店のほうがどちらかというと多いのではないでしょうか。イタリア料理、フランス料理というものが普及して、世間の理解や知識も高まったからです。よって、料理は「レストランから与えられるもの」から「レストランとお客さんが一緒に組み立てるもの」に変わりました。

つまり、**レストランが「参加型」に変わった**のです。「今日はパスタだけで十分だな」とか「前菜を多めに食べたいな」というように、自分で自由に選べるようになった。「レストランの空間を作る」ということに、「自分ごと」としてお客さんも参加し、楽しむようになったのです。

こうした**「コース料理からアラカルトへ」という変化が、レストランの中だけでなく、すべての産業で起きようとしている。**

これがぼくの仮説です。

「教える側」と「教えられる側」がいずれごっちゃになる、という流れは、全産業で起きる「方程式」なのです。

たとえば、ソーシャルゲームが登場したときに「あんなものはゲームじゃない」などと旧来のゲーム業界の人たちは否定していましたが、もはやそれを言えないくらいにソーシャルゲームは人気になりました。

ソーシャルゲームは、チープなゲームだったのではなく、時代の変化を捉えていたゲームだったのです。グリー社長の田中良和さんが「ソーシャルゲームは、コース料理のゲームが、アラカルトのゲームに変わったんだよ」と教えてくれたことが、このことを深く考えるきっかけでした。

これまでのゲームは、ゲームを作った側が「このゲームをクリアするためにはうまい人なら100時間、下手な人なら200時間くらいかかりますよ」「ここで始まってここで終わりましょう」というコース料理のような形でした。楽しみ方を、作る側がプレイする側に対して教えていた。そこにはハッキリと線が引かれていたわけです。

一方、ソーシャルゲームは「好きなタイミングで始めて、好きなタイミングで終わっていいですよ」「短時間でできるゲームがいっぱいあるから、お金を使って楽しんでもいいし、使わなくて楽しんでもいいですよ」というものです。

つまり、**ゲームを「アラカルト状態」にしたらどういうふうになるだろうかということを提示したのが、ソーシャルゲーム**だと言えるのです。

それと同じことが、実は本の業界でも起きています。

ゲーム業界は、それを意識的に行ったために産業が大きくなりましたが、出版業界では意識的には行われず、産業が大きくなることには寄与しませんでした。

この10年くらいで極端に「二次創作」というものが増えました。原作をもとに読者が自由に新たなマンガを創作するのです。「ジャンプ」のさまざまな作品が圧倒的に人気があるのは、二次創作があるからです。これは、鶏が先か卵が先かで、人気があるから二次創作があるともいえますし、二次創作があるから人気が出ているともいえます。

とにかく、ジャンプ作品と他の作品の違いは、二次創作の量です。二次創作できないような完璧なストーリーというものは、どれだけよくても、敬遠されて売れにくい現状があります。「質が高い」ということが、売れるための条件ではなくなってきているのです。

引いた目で見ると、この「二次創作をする」というのは、読者が作品に関わって補完をするという意味で、**「教える側と教えられる側」「作品を作る側と受け取る側」という垣根を超えて、一緒にひとつの作品をつくっている、**とも考えることができます。

ぼくはずっと、ツイッターの「ハッシュタグ」がなぜ流行《はや》っているかを考えてきました。ぼくには魅力的に思えなかったからです。でも、みんなが使っているということは、何か時代の流れと関係しているはず。インスタグラムになって、ハッシュタグ文化がより盛んになったということは、より時代を捉えているはずです。

ある日、電車の中でぼんやりと雑誌の中吊り広告を見ていて、ハッシュタグの意味に気付きました。雑誌の見出しと、ハッシュタグは一緒だ、と。それは「世間への話題提供」です。

雑誌の中吊りのタイトルで、世間がそのことを話題にするから、みんな中身が読みたくなって、雑誌を買う。**ハッシュタグを考えるというのは、みんなが話題にしたくなるような議題を提供すること**だったのです。

作品だって、いい作品というものはそれによって議論が巻き起こります。村上春樹さんの『1Q84』がすごく売れたときは、みんなが「あれ、読んだ？」といった話をしていました。「あれはやっぱりすごいよね」とか「いやいや、あんなのはもう全然、昔の村上春樹に比べるとよくない」っていうような賛否両論が起きていた。

そうやって賛否両論が起きるのが、すごくいい「ハッシュタグ」なわけです。世の中で大ヒットしているものは、常にそういうふうな議論が起きている。そう考えると、ハッシュタグは「参加」できる議題の提供です。

雑誌は、一方的に議題を見せるだけですが、みんなが参加できるほうが議論も盛り上がります。ハッシュタグも、今までの時代にあったものの置き換えで、「参加」が足されたものだとわかり、流行っている理由が理解できたのです。

何をいまさらと思われるかもしれませんが、多くの人が思うよりも、ぼくは、ハッシュタグはこれからもしばらく大事な機能になると考えています。

あらゆる「なんとなく」をスマホが奪っていく

この章では、ぼくが世界を見るときに心がけている「宇宙人視点」と、そういった視点で世界をどう見ているかについてお話ししてきました。最後に、インターネット、とりわけスマートフォンの普及によって起きる変化についてお話ししてみたいと思います。

妻に「なに食べたい？」と聞かれ、夫が「なんでもいい」と返事をすると、妻に嫌な顔をされる。よくある光景です。でも、このシーンは、人間を理解するのにすごく重要なシーンだと考えています。

「なんでもいい」というのは、世の中のほとんどの人にとっての「本音」でしょう。

「なんでもいい」は「なんとなく」とも言い換えられます。ヒット曲を聴いている人は、「その曲でないとダメ」と思っているわけではなく、「なにかしら音楽を聴きたい」と思って「なんとなく」音楽を聴いているだけです。

音楽を買っていたうちの5％の人は「この音楽を聴きたい」「こういう音楽でないとダメだ」と強い嗜好《しこう》を持っていたでしょうが、残りの95％は、「なんとなく音楽を聴いて時間をつぶしたい」と思っていた。

その「なんとなく」の人たちにとっては、SpotifyやＬＩＮＥミュージックのような定額サービスで十分なのです。多くの喫茶店が、昔から有線ですませたりするのも、喫茶店の人にとって、音楽はあったほうがいいけど「なんとなく」でいいという状態だからでしょう。

ギャンブルも同じかもしれません。パチンコをしている人たちだって、絶対パチンコでないとダメだ、という人は5％もいないのではないでしょうか。競艇や競馬、麻雀なども、それが好きで「それしかしない」という人は、5％もいない。95％の人は時間のつぶし方がよくわからなくてパチンコをやってる。プロを目指しているような人はともかく、ただ「なんとなく過ごしている」人が大半なのではないかと思うのです。

食事も、読書も、映画も同じことが言えます。「なんとなく」のファンによって、支えられてきたのです。家では「なんとなく」の時間をテレビが独占してぃて、それ以外の時間をさまざまな業態で奪い合っていたわけです。

しかし最近では、家にいるときも、外にいるときも、すべての「なんとなく」をスマートフォンが奪っていきます。**世の中にある95%の「なんとなく」がスマートフォンに集中してしまっている。**これは、恐るべきことです。

しかも、インターネットの中には、無料コンテンツがたくさんあります。「なんでもいい」95%の人は、この無料コンテンツだけで満足してしまう。この現象は、出版業界だけではなく、「なんとなく」を奪い合っていたすべての業界の危機なのです。

一方で、「インターネットは質の低いコンテンツばかりなんじゃないか?」という反論が常にあります。

たしかにインターネットは「玉石混交」です。YouTubeには、おもしろい動画もありますが、お世辞にも質が高いとは言えない動画も投稿されています。ブログだっておもしろいものもあれば、つまらないものもあります。

「Sumally（サマリー）」というサービスを運営している山本憲資《けんすけ》さんは、インターネットを都市にたとえて説明しています。インターネットは発展途上であり、都市の発展と同じようなことが起きるはずだ、と言うのです。

戦後間もない焼け野原の東京は、渋谷も新宿も銀座もたいして違いはなかったはずです。どこもゴチャゴチャしていて、街のカラーがない。それこそ、玉石混交の状態だったはずです。

しかし、最低限のインフラが整い、経済が発展してくると、街ごとのカラーが出てきます。渋谷なら若者文化の街、銀座なら高級感漂う街などといったように。はじめは他の場所とほとんど変わりない雑多だった街が、それぞれ特色のある街に変わっていった。

今までのインターネットは、戦後の東京と同じで、一から街を作っている状態でした。だから、どこに行っても特色のない、ゴチャゴチャした街しかなかった。しかし、これからは**サービスごとにユーザーが棲み分けされた、渋谷や新宿や銀座のような街がインターネット上にもできてくるのです。**

この考えを教えてくれた山本さんが運営している「Sumally」は、ユーザー同士がお気に入りの商品の情報をシェアし合うサービスです。

ネットのサービスは、できるだけ早くユーザーを獲得したくなるものですが、山本さんはあえてオープン当初にセンスのいいユーザーだけに限定公開することで、サービスに「空気感」を生み出しました。まるで、建築の制限などを加えることで、街に空気感を生み出すような感じです。

山本さんもぼくと同じように出版社出身の起業家です。IT出身の起業家とはこだわるポイントが違っていて、山本さんが仮説を証明していくのを見ると、すごく勇気をもらえます。

もしもYouTubeに最初に投稿したのがスティーブン・スピルバーグだったとしたら、どうなっていたでしょう? YouTubeは映像クリエイターたちのカッコいい映像を投稿する場になり、今のような雑多な感じにはならなかったのではないでしょうか。

このように、**サービスの位置付けを最初にどうブランディングしていくか**によって、どのような街になるかは、ある程度、コントロール可能だと思います。

「Sumally」のような街は、これからインターネット上に増えていくでしょう。新宿のようにいろいろな人が集う雑多な街もあれば、銀座のような高級志向の人が集う街もある。インターネットはオープンなので、どの街にも自由に行き来できますが、なんとなく「この街には、こんな感じの人たちがいる」という棲《す》み分けが、どんどん進んでいくはずです。

インターネットの世界がますます整備されて街ができていくと、さらに多くの人がインターネットを通してコンテンツを楽しむようになっていくでしょう。

次の章では、そんなインターネットとスマホの台頭する時代において、編集者としてのぼくが「何に悩み、何を考え、どう解決しようとしているのか」を語りたいと思います。

第3章

インターネット時代の編集力

モノが売れない時代にぼくが考えてきたこと

質を高めても売れない時代がやってきた

講談社で編集者をしているときのぼくは「どうすればいい作品ができるのか」ということだけを考えてきました。

新入社員時代に先輩から「作品が完成したと思ったあとに、『まだまだよくなる』と信じて、しんどい中でも匍匐《ほふく》前進で前に進もうとしろ。そういう努力が、作品をおもしろくするんだ！」とアドバイスされ、その考え方をずっと大切にしていました。

「全力をつくした」と思ったときでも、「いや、もっとおもしろくできるところがあるはずだ」と考えることを、ぼくは習慣にしていたのです。

そのような思考法が、作品を磨き上げる上で重要であることは、今も変わりがありません。しかし、だんだん、そういう細部へのこだわりだけを一生懸命やっても勝てなくなってきた。質が高くても、話題にもならない。そんな経験が増えてきたのです。「売れる、売れない」の問題が、作品の質によるものであれば、「どうやって質を高めるか」だけに集中していればよかった。しかし、**質だけではなく、社会の変化によって売れなくなっているのであれば、その社会の変化を見極める必要が出てきた**のです。

自分自身を振り返ってみても、電車で「週刊現代」や「週刊文春」といった男性週刊誌を読む習慣がなくなっていました。駅の売店で買うのですが、電車の中では読み切ることができず、いつしか読まずに捨てることが増えていき、結局買うのをやめたのです。代わりに何をするようになったのかというと、メールをチェックしたり、フェイスブックやツイッターを眺めたりするようになっていました。

では、雑誌よりもSNSのほうが質も高く、おもしろいのか？　そうではありません。SNSには「昨日〇〇さんとレストランに行った」などと知り合いが書き込んでいるぐらいです。一つひとつの投稿は、特別におもしろいわけではない。

記者が取材して書いた、お金のかかっている記事と比べると、質はすごく低いわけです。そもそも、質などということを意識された投稿すら、ほとんどありません。それでもなぜか、自分はSNSを見てしまうのです。

質が低いとわかっていながらも、SNSを見てしまうのは、なぜなのか？

ぼくは、SNSの投稿を「おもしろくない」と思っていますが、わざわざ見ているということは、やっぱり「おもしろい」ということなのか？　もしかしたら、「おもしろい」の基準が変わってきているのではないか。そんなふうに考えました。

なぜ人は「練り込まれたプロの文章」よりも「友だちのくだらない投稿」のほうがおもしろいと思うのか？

そのことを数ヵ月間くらい考えていたわけですが、ある日ふと**「人って『おふくろの味はやっぱり美味《おい》しい』なんてことを言うな」**と思いました。なぜ、おふくろの味は美味しいのか？　これは身近な人のSNSの投稿と同じ理由なのではないか？

食事は格別に美味しい料理でなくても、家で食べるほうが美味しい、と感じる人が多いと思います。恋人と食べる料理は、料理の質は関係なく美味しいと感じやすいですし、逆に苦手な人と食べる料理は、特別な料理でもそこその美味しさにしか感じないことがあります。

つまり「美味しさ」というものは絶対値があるわけではなくて、「関係性」の中で決まるのではないか。同じように作品の「おもしろさ」というものも絶対値ではなく、関係性の中で決まるのではないか、という結論に至りました。

雑誌や単行本において、「作品」と「読者」の関係性は固定化されていて、身近とはなかなかいいづらいものがあります。

一方、SNSでつながっているのは、知り合いや興味のある人たちです。親近感のある人たちとも言えます。身近な人が発信するから、ぜんぜん知らないプロの文章よりも「おもしろい」と感じるのです。

おもしろさというのは〈親近感×質の絶対値〉の「面積」だったのです。

おもしろさは〈質×親近感〉

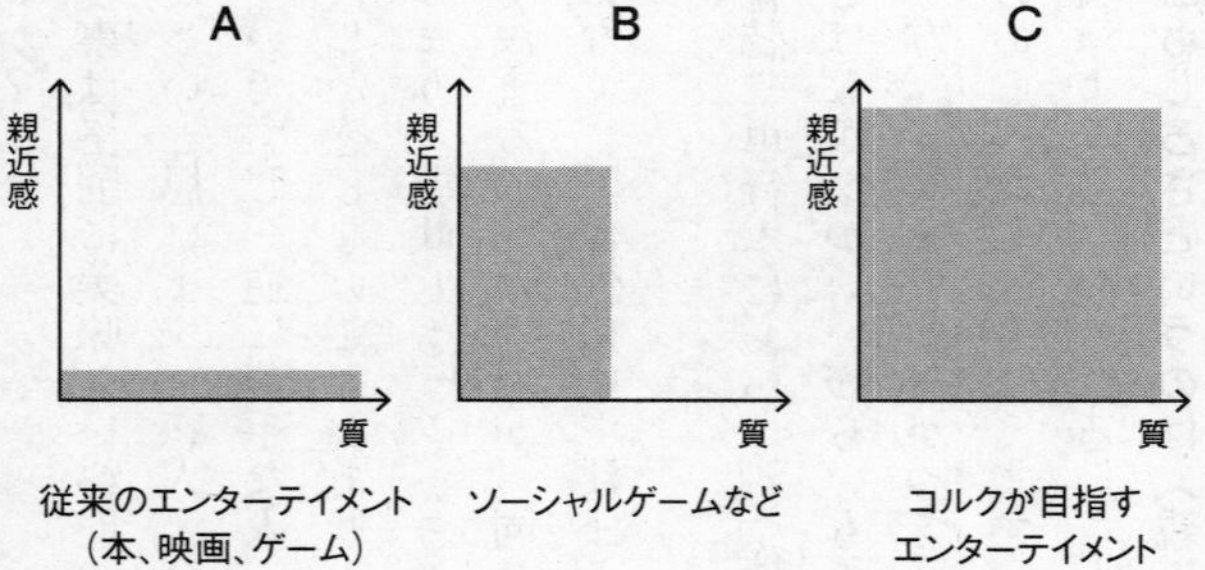

この面積理論を、ソーシャルゲームに当てはめると腑《ふ》に落ちるところがたくさんあります。

旧来のゲームは、基本的に1人か2人でのプレイでした。一方、ソーシャルゲームは、複数人でゲームをやります。知らない人と自動的に組まされる場合もありますが、ゲームをやりながら、親近感を感じることができるわけです。

ゲームの質を絶対値ではかると、旧来のゲームのほうがソーシャルゲームに勝つように思いますが、親近感の高いソーシャルゲームのほうが、面積は広くなります。

コンテンツは、1次元の時代から、〈親近感×質〉という「2次元」の時代になったのです。

IT技術とは「人と人をつなぎ合わせる技

術」です。**人と人をつなぎ合わせる技術を最大限に使ったゲームが、この時代に勝つのは必然**とも言えます。

マンガの「二次創作」というのも、おもしろさの面積を広くする行為です。二次創作によって、ファンはその作品に親近感を覚えるようになるので、ただ読んでいるだけの作品よりも、物語自体を圧倒的に楽しめるようになります。読者の行為によって、物語のおもしろさも変化してしまうのです。

人によって感動の度合いは異なる

これからのコンテンツビジネスは、**「いかに親近感を持ってもらうか」**が課題になってきます。どれだけファンと接点を持つかが大切になってくるのです。

これまでは、作家がファンと出会おうと思っても、1万店弱ある書店に本を配って、その中で偶然買ってくれた人にしか出会うことができませんでした。

『宇宙兄弟』という作品を知ってくれていたとしても、4ヵ月に1回しか単行本が出なければ、4ヵ月に1回しか『宇宙兄弟』のことは思い出してもらえない。どれだけ多くの感動を生み出したとしても、本はファンとの接触回数がすごく少ない媒体なのです。

すべてのコンテンツが、世間との接触回数が少ないうちは、相対的に問題ありませんでした。しかし、ソーシャルゲームやプッシュ型のアプリなどが、一日に何度もファンと接触していることを考えると、本の状況は危機的です。

『宇宙兄弟』の1巻は80万部近く売れていますが、本を通じてつながっているだけだと、一人ひとりの読者は「80万分の1」の存在になってしまいます。しかし、一人ひとりの読者ともっと深くつながりたい。一日に何度も『宇宙兄弟』のことを思い出してほしい。そう考えた結果、辿り着いたのはやはりSNSの活用でした。

今では、ツイッター、フェイスブック、LINE、インスタグラム、メルマガ、サイト……。これらすべてをコルクで運営し、毎日、さまざまな形で読者に情報を伝えています。

小山宙哉さんのサイトで、『宇宙兄弟』にまつわる商品の販売も始めました。作中の人物がつけているヘアピンを制作して発売したところ、1500人もの人が購入してくださったのです。

読者との接点を増やそうと試行錯誤する中で、いろんな変化が起こりました。本だけを売っているときはファンの方々の顔は見えてこなかったのですが、サイトで直接買ってくださるファンの方は、ぼくたちスタッフも、どんな連絡をくれた人かを覚えていて、名前やアカウント名を把握できるようになったのです。

多くの人は、**アナログが温かくて、デジタルが冷たいと考えがちですが、実際はその逆だったのです。**デジタルの中で、人間的な付き合いが生まれるようになってきていて、その関係性がすごくおもしろい。そう感じているところです。

「2対6対2の法則」というものがあります。

たとえばお酒の消費量は、2割の「すごく飲んでいる人」が全体の8割くらいを占めていて、6割の人は一般的な量で、残りの2割は少ししか飲まない人です。

この法則は、あらゆることに当てはめることが可能です。会社も2割の優秀な人がほとんどの利益を生み出していて、6割が普通の働きをして、2割はあんまり働いてないなどと言われます。

同じことは、ソーシャルゲームでも言えます。つまり、2割の人がヘビーユーザーになり、ほとんどの利益になっていて、6割くらいが中間で、残りの2割はフリーライダーなのです。

深く楽しんでいる人から、多くのお金をもらい、浅く楽しんでいる人からは浅くしかもらわない。一部のヘビーユーザーによって売り上げが支えられ、ライトユーザーはタダで遊べる。なんだか狡《ずる》い仕組みのように感じるかもしれませんが、お金を払っている側は、ゲームに満足しているから納得しています。

旧来のゲームは、柔軟な課金ができなかったので、本と同じようにみんなに等しく売っていました。ソフトが5000円であれば、全員5000円でした。しかし、ソーシャルゲームになって柔軟な課金が可能になったことで「2対6対2」の法則が適用できるようになったのです。

ぼくは、**本も「2対6対2の法則」でビジネスをしたほうが、作家にとっても、出版社にとっても、読者にとっても、いい結果を生み出すのではないか、**と考えます。

今までは、産業ごとにビジネスモデルが異なっていましたが、インターネットの中では、まったく違う業種でもビジネスモデルが近づいていきます。他の業種でうまくいっている方法をどんどん採用していくことが、停滞した市場を活性化するのに有効だと思うのです。

作品に親しむ「分人」を引き出す

以前、平野啓一郎さんの『ドーン』『空白を満たしなさい』という小説の編集をさせていただきました。その中で「分人主義」という考えが提唱されています。

分人主義とは何か。

たとえばぼくは、講演会ではなるべく論理的にわかりやすく話そうとします。一方、会社で社員としゃべるときはもっと早口です。また、家族としゃべっているときはもっとフランクですし、友だちとしゃべってるときもまた全然違います。さらに、友だちは友だちでも、昔の友だちとだと、また全然違う話し方になります。

これはどういうことか。すべてを演じ分けているのでしょうか。「本当の自分」というものがあって、その自分が「講演会用の佐渡島庸平」「会社用の佐渡島庸平」という感じで使い分けているのでしょうか？　そうではありません。「演じている」わけではなく、「自然とそういうふうになってしまう」のです。

つまり、人間というのは「本当の自分」というものが真ん中にあっていろんなことをコントロールしているわけではなく、**すべて他人との人間関係の中に自分があって、「相手によって引き出されている」**のです。

みんな「本当の自分」を探して旅に出たりしますが、そもそも「本当の自分」がなければ、その旅は意味がありません。

人間というのは、これ以上分けることができない存在＝individualだと思われています。divideできない存在が個人だと思われていますが、実際は環境によって、自分というものが分かれてしまうわけです。

自分というものは、他人によって引き出される存在です。だから「本当の自分」というものは存在せず、「子どもと接しているときの自分」も「かしこまっているときの自分」も、すべてが「自分」なんだという考え方が、「分人主義」です。これは『私とは何か』（講談社現代新書）に詳しく書かれているので、ぜひ読んでみてください。

さて、なぜ「分人主義」の話をしたのか。もう少し話を続けます。

「あまロス」という言葉をご存知でしょうか。朝の連続テレビ小説「あまちゃん」が終わって寂しいことを「あまロス」と言いました。同じように「ペットロス」という言葉もあります。「○○ロス」とは、何かがなくなってしまった喪失感を表しています。

人は、知り合いや仲がいい人が死ぬと悲しくなります。当然のことです。でも、親しくない人が死んだら、そこまで悲しみは感じません。人は、皆死ぬので、すべての人の死を悲しむことはないでしょう。つまり、「死」自体が悲しいわけではない。それでは、「悲しい死」と「悲しくない死」、これは何が違うのでしょうか？

自分の中の「分人」というものが「相手によって引き出されるもの」だとしたら、その人が死んでしまったら、その「分人」はもう引き出されることがありません。その**「分人」を喪失してしまった状態というのが、「悲しみ」**なのではないか。分人主義ではそう考えるのです。自分の中の何かがなくなってしまったから、喪失感を抱く。「ペットロス」というのは、ペットによって引き出される自分（分人）がもう出てこなくなる。あまロスというのは「あまちゃん」のときに引き出される自分（分人）が出てこなくなる。だから、寂しく思うのです。

平野啓一郎さんは「愛とは何か」ということも分人主義で定義しています。「相手の何か」が愛おしいというよりも、その**「相手といるときの自分」「相手によって引き出される分人」が好き、というのが「愛」**なのではないか。心地いい自分、落ち着く自分を引き出してくれるから、その相手が愛おしく、それが

「人を愛する」ということだ、と定義しているのです。

先ほど言ったように、『宇宙兄弟』の単行本は4ヵ月に1回しか発売されません。つまり、4ヵ月に1回しか『宇宙兄弟』に触れてくれてない。どれだけ自分の人生に最高のアドバイスをしてくれる大切な人であっても、4ヵ月に1回しか会わない人だと重要度は低くなってしまいます。その「分人」というものは滅多に引き出されることがないから、毎日、出会う友人には負けてしまうのです。**『宇宙兄弟』を大切に思ってもらうためには、その「分人」を毎日引き出すことが重要になります。**

可能ならば、1日に5回でも10回でも「宇宙兄弟分人」というものを引き出したい。さまざまなSNSを運用しているのは「これからの時代はSNSだ!」といった単純な考えではなく、『宇宙兄弟』と一緒に過ごす「分人」を持ってもらうようにしたいという戦略があるのです。

『宇宙兄弟』という分人を持っていると、どういうことが起こるでしょうか?

たとえば、たまにしか会ってない人から「司法試験受かったよ！」と急に言われたとしても、「ああ、そうか、おめでとう」くらいしか思いません。一方で、フェイスブックの投稿などで、その人がどれくらい苦労しているかをずっと知っていたら、「そりゃあ、よかった！　一緒に祝おう。一杯飲みに行くか！」という話になります。

つまり、「分人」を共有しているかどうかが、ファンが作品により深く関与してくれるかどうかに、関わってくるのです。

これまで出版社は、自分たちが雑誌というメディアを持っていて、そこ経由で作家と読者をつなぎ合わせていれば十分でした。しかし、もはやその接触回数では、「分人」を引き出すことができない。そこで、コルクは、インターネット上にあるさまざまなスモールメディアを使って、作家、作品に対する「分人」をファンに持ってもらうように努力しているのです。

インターネットで親近感をつくるには

以前から堀江貴文さんに「メルマガは最強のメディアだから活用するといい」というアドバイスをもらっていました。

ぼくはそのたびに「メルマガなんて、文字がただ羅列してあるだけで、まったく魅力的じゃないですよ。作家というのは、もっと見せ方にこだわるものなんです。ビジネス系の人じゃないと無理です」と反論していました。

だから、ずっとあえてメルマガをしていなかったのですが、そこまで堀江さんが言っているのだから「試しにやってみるか」と思って始めてみたのです。しばらく続けてみると、メルマガのすごさがやっとわかってきました。

コルクでは週に1回、小山宙哉さんや安野モヨコさんのメルマガを発行しています。作家本人が書くこともあれば、ぼくらスタッフが書くこともあります。文章の質は、当たり前ですが、マンガには及びません。それでもちゃんと読んでくださって、反響も大きいです。特に質の高くない文章を熱心に読んでくださる。これはどうしてなのでしょうか？

メルマガと同じ文章をサイトに掲載していたらどうでしょう？　たぶん誰も見ないでしょう。サイトというのはいわば「公共の場」だからです。

たとえば、１００人の聴衆に対してぼくが話すとします。すると聴衆のみなさんは、そこまでぼくに親近感を抱かないと思います。でも個室に一人ずつ来ていただいて、ぼくと1対1で話したら、親近感がわくでしょう。

メディアにもぜんぶ、親近感というものがあります。

サイトは親近感のわきにくいメディアです。ツイッターはそこまで親近感がないけれども、自分でフォローして選んでいるのでちょっとだけある。フェイスブックは自分のプライベートを見せてもいいくらいなので親近感が大きくて、さらにＬＩＮＥというのはもっとプライベートなので、かなり親近感があります。メールもＬＩＮＥ並みに親近感があるでしょう。

人には「パーソナルスペース」がありますが、そこに作家から自分の名前宛で直接メッセージが届く。さきほどの〈親近感×質〉という面積で言うと、そこまですごい文章でなくても親近感を与えられることで、小山さんが魂込めて描いた『宇宙兄弟』と同じくらいのインパクトを与えることができるのです。

メールやLINEで、ファンにアンケートをとると、恐ろしいぐらいの熱量で、すごくたくさん返事が返ってきます。ぼくらスタッフは、その全部に目を通します。

こういうファンとのコミュニケーションは、書店に本を並べているだけでは起きませんでした。ファンと密にコミュニケーションを取りながら、一緒にモノを作るような時代になってきている。

今までよりも大変なのですが、実はより温かみを感じることができて、仕事のおもしろさが増しているのです。

「作家を応援する仕組み」をつくる

親近感を抱いてもらい、作品と触れ合う「分人」を引き起こすことが大切である。そのことに気付いたぼくが、いま力を入れているのが「ファンクラブの運営」です。

いま、コルクで育成しているマンガ家に羽賀翔一さんがいます。彼を応援してファンになってもらう仕組みとして、ミュージックセキュリティーズという会社と「投資ファンド」を作ったことがあります。「羽賀翔一を応援するために投資してください」と呼びかけたわけです。すると130人くらいが投資をしてくださいました。

そのお金を元手に『ケシゴムライフ』という本を作製し、書店で売りました。

本は2000冊ほど売れ、印刷代は回収でき、投資してくれた人にお返ししました。

そして、**売れ残った本は倉庫に入れずに、名刺として配ることにした**のです。

ふつう出版社は、本は売り物なので無料で配ったりはしません。でもぼくらは、「羽賀翔一」というタレントをどうやって有名にするかを考えているわけです。目的はファンクラブの結成なので、本も名刺代わり、というわけです。

「羽賀翔一の本を作る」というのは、羽賀さんを有名にするための手段のひとつに過ぎません。ぼくらが目指していることは、羽賀さんの本を売ることではなく、羽賀さんのファンになってもらうことなのです。

書店で売るだけだと、『ケシゴムライフ』を1冊800円ほどで買って終わりです。どんなにファンでも使うお金は800円。でも、ぼくらは、濃いファンを育てたいのです。「羽賀翔一のために毎日過ごしている」くらいの人を作りたい。

そこで、SNSをめいっぱい使ったり、イベントを企画したりするなどして、ファンを育てようとしています。コルクの仕事は、ファンと作家とのコミュニケーションのマネジメントなのです。

「作家の価値を最大化する」には、このようなファンクラブの運営が必須であると考えます。ファンクラブが強固であればあるほど、安心して作品作り、商品作りをできるので、作家の頭の中を「パブリッシュ」することが容易になるのです。

人生における「居場所」の大切さ

人生において「居場所を見つける」ということは、すごく重要です。

会社を探す、仕事を探すというのも、根本的には「居心地のいい場所を探す」ということではないでしょうか。ぼくの起業という選択も、自分探しではなく、「居場所探し」の末に見つけた場所でした。

自分の居場所をどうやって見つけるのか？

たとえば「リンゴが好き」とか「メロンが好き」という人同士が「おまえもリ

ンゴが好きか！」と言って深く結びつくことは、想像できません。リンゴが好きな人もメロンが好きな人も大勢いて、自分と同じように好きな人を見つけてもそこまで感動しないでしょう。

でも、同じ本を好きであれば、深い結びつきを感じることがあります。

ぼくは、アン・マイクルズというカナダの詩人が書いた1作目の小説『儚《はかな》い光』がすごく好きです。もし、その本をぼくが薦めたからではなく、好きで読んでいる人がいたら、ぼくはその人と心の奥底で通じ合えると思って、友人になろうとするでしょう。その人の人生自体に興味を持つでしょうし、「ちょっと一杯飲みに行くか」という流れに確実になる。「アン・マイクルズが好きな人で、悪い人なんていないだろう！」と勝手に思うはずです。

このように、**作品というのは、アイデンティティとすごく結びついていることが多い**のです。「どんな本、映画、音楽が好きか」を伝えることは、自分のアイデンティティを人に伝えることにもなります。

小山宙哉さんのサイトを見にきている人たちは、小山さんのことも知りたいのですが、同時に実はそのサイトにいる他の人のことも知りたい可能性があります。よくミュージシャンのライブ会場で、ツアーを一緒に回る仲間ができたりしますが、それと同じことが起きてもおかしくない。

ぼくらは、そういうことがネット上で起きるような仕組みを作ろうとしています。『宇宙兄弟』のサイトでは、そういうファン同士の交流がどうやったら生まれるかを必死に考えており、実際に生まれ始めています。

たとえば、「『宇宙兄弟』に出てくる北村姉妹の名前はしりとりになっている」ということに誰かが気付いてコメントします。すると「それに気付いたなんてすごい！」と別の誰かがコメントする。「『宇宙兄弟』の初版持ってます！」とか「『ハルジャン』の初版持ってるから、ほんとの小山宙哉ファンです！」などのコメントが飛び交う。

コルクは、ネット空間の中にファンが集う「喫茶店」をどうやって作るのか、どうやって居心地のいい居場所を作るかを考えているのです。

インターネット時代が進むと、逆に「フェイス・トゥ・フェイス」が大切になってきます。実際に会う、ということではなく、ネット上での「フェイス・トゥ・フェイス」です。

中国は、実はネットの先進国です。「アリババ」というECサイトが、ここまで成功している理由のひとつは、サイト上でお店の人とチャットを通じて話せるからです。「これって割引できる?」というような会話を、24時間いつでもお店の人とチャットできる。だから魅力的なのです。

ネットでも結局、「対面」が大切になってくる。日本のECサイトだと、問い合わせのメールアドレスをなんとか探し出して、そこへメールを出さないとお店の人とコミュニケーションを取れません。それでは、モノを買いたい気持ちが湧き上がることはありません。買いたいものを、検索して買うだけになってしまいます。

「仮想対面」で、顔はお互いに出さなくても、画面の向こうに「人の温度」を感じると、現実と同じようにECサイトでもモノを買うようになるのです。

だからこそ作家も、ファンクラブを運営していくことが重要です。人と人が直に交流する。ただ、そういう丁寧なコミュニケーションをする時間の余裕が、作家にはありません。だからぼくらがコミュニケーションのマネジメントをするわけです。

ファンが作家に「その作品によってどれだけ救われたか」を伝えられるような機会を作ったり、作家の誕生日をお祝いしたりできるようにする。すると、作家からは、お返しにファンだけに公開する特別なイラストが届いたりします。**作家とファンの関係を温かいものにしていきたい。**それはインターネット時代になって、初めてできることなのです。

「めんどくさい」ことをいかにしてもらうか

前の章で「めんどくさい」の基準がどんどん変わってきているという話をしました。

キンドルの登場によって分厚い本を持ち運ぶめんどくさい作業はなくなりまし

たが、一方でぼくは、キンドルの操作性にめんどくささを感じています。

おそらくこれから、どんどんリーダーが改良されて、めんどくささがなくなっていくと思いますが、すると人間はまた新しいめんどくささを見つけてしまうでしょう。人間の「めんどくさい」との戦いは終わることがありません。

「めんどくさい」の定義はこれからどのように変わっていくのか。コンテンツに関わる者として、ぼくはそのことを常に頭の中でシミュレーションしています。

そもそも、小説やマンガというのは読むのがめんどくさいものです。最後まで読み通すのに根気も時間もかかるからです。映像は勝手に流れていくので、途中で飽きても最後まで見るとおもしろかった、なんてことがありますが、本は途中で閉じられてしまえば終わりです。

しかしぼくらは、なんとかそのめんどくさい体験を読者にしてもらわなければいけない。では、どうすればいいのか？

すごく不思議なことに、人はめんどくさいことを避けますが、一方で、わざわざめんどくさいことをしたい生き物でもあります。

キャンプを思い出してください。テントを張ったり、薪《たきぎ》を拾って火をおこしたり。めんどくさいにもかかわらず、人はわざわざキャンプをします。山を登ったり、マラソンをしたり、自家製の薫製ベーコンを作ったり。SNSの投稿を見ても、わざわざやるようなめんどくさいことであふれています。「めんどくさい」には、論理的に説明できない価値があるのです。

ぼくは、「ファンが作家から直接、作品を買える仕組み」を作ろうとしています。

そのときに重要なのは、便利にしてめんどくささをなくすことではありません。その**めんどくささを、ファンが喜んでわざわざやりたくなるような仕組み**を入れる。そのことが大切なのです。

めんどくささにも、2種類あります。「機械に肩代わりしてほしいめんどくささ」と、「自分でやりたいめんどくささ」です。

これは、全盛期のパナソニックとソニーの製品の違いにも似ています。どういうことかというと、パナソニックの白物家電は、人々のめんどくさいを解消してくれて、時間を節約してくれます。一方で、ソニーのウォークマンをはじめとした商品は、聴かなくてもいい音楽を聴かせるなど、人々にわざわざめんどくさいことをさせて、時間を消費させたのです。

実は、**人々の時間を「節約する」よりも、「消費させる」ほうが難しく、よって、ソニーのほうが強いブランドを築くことができました。**

エンターテイメントは、わざわざめんどくさいことをしてもらうので、他の商品と比べてブランド化しやすいということは、非常に大きなメリットなのですが、そのメリットを活かしたビジネスをしている人は、まだほとんどいないのです。

「モノ」ではなく「作品」として流通させるために

通常、あらゆる商品は「モノ」として扱われます。しかし、ぼくらは「モノ」ではなくて「作品」を売りたいと考えています。

どうすればモノではなく、作品として売っていけるのか。その課題に、いつも頭を悩ませています。

なぜ商品をモノとして売りたくないのか。**モノは価格競争に巻き込まれてしまう**からです。家電量販店で売っているものは、作品ではなくモノなので、当然価格が安いほうが選ばれやすい。スーパーでもコンビニでも同じでしょう。

「作品」として流通している、最高の見本。それは「アップル製品」です。

家電量販店に置いてある電化製品を買うかどうかは、価格とスペックを比較して決めますが、アップルストアに置いてあれば少し意味合いが違ってきます。ジョブズのファンは、値段が高くてもアップルストアで買うのです。これはどういうことか。

ジョブズのファンにとってアップルの製品は、安ければいいという「モノ」ではなく、「作品」に近いからです。

コルクで手がけているコンテンツは、「作品」として売っていきたい。そのためには、量販店にモノとして陳列する売り方ではダメです。

たとえば、5分で読めてしまう作品であっても、作家は3年かけて作っているかもしれない。でもモノとして扱われてしまうと「5分で読めるんだから、30円でいいでしょ」などと買い叩かれてしまいます。

一方、作品として扱ってもらえるなら、作家がかけた時間と能力に対して対価が支払われるので、「5分で読めるけど、3000円の価値がある」と思ってもらえます。

モノではなく作品として扱ってもらうためにも**「作家が読者に対して直に売る」**仕組みを作ることが重要になります。作家から直接買う作品を、誰もモノだとは考えないからです。そのために、インターネットというツールは非常に有効なのです。

アップルのすごさというと、ジョブズのこだわりやiPhoneの使いやすさを、誰もが想像するでしょう。しかし、本当のすごさは、アップルストアを作り、ファンに直売りするシステムを作り上げることで、自分の商品を「作品」にしてしまったことです。

「流通の仕組みを変えることが、世の中に出したいものを出すための最善の方法である」とジョブズが気付いたところが、もっともすごいところだと、ぼくは考えます。

「編集者不要論」は本当か

この章では、ぼくが編集者として何に悩み、何を考え、どういう施策をしてきたかをつらつらと語ってきました。章の最後は「編集者不要論」について考えます。

インターネット時代に編集者はいらないのではないか、と言われることがあります。

小売店とメーカーが直取引すれば問屋はいらないのではないか、という議論と同じように、作家と読者の仲介屋である編集者はいらないのではないか、というものです。

しかしぼくは、インターネット時代こそ、編集者が必要だと考えています。

ぼくが言う「編集者」とは、ただ作家から原稿をもらってそれを印刷所に渡すだけの、狭い意味での編集者のことを指してはいません。

本来、**編集者というのは、そのコンテンツをいかにして読者に届けるかを徹底して考え実行するプロデューサーであるべき**です。

コンテンツの中身だけを編集するのではなく、どうやってその作家のことを世界に知らしめるかということを「プロデュース」しなければいけない。そして、コンテンツという商品をいかに読者に届け、マネタイズしていくかを考えなければいけないのです。

インターネット時代こそ、プロデュースとマネタイズの能力が編集者に求められるのは、なぜか？

たとえば、これまでは「いつお金を払うか」が決まっていました。「課金ポイント」はつねに、「所有権が移転するとき」でした。本という物体の所有権が、書店から読者に移るタイミングで、お金を払うわけです。「中身を読んで、満足してから」ではありません。レストランでも、車でも、服でも、何でも支払いのタイミングは同じでした。

しかし、それがインターネット時代になって変わってきています。ソーシャルゲームも、はじめは無料で遊べて、もっと楽しみたければ後からアイテムを購入してお金を払います。ＬＩＮＥミュージックのように、定額を払えば、あとは聴き放題というモデルも増えてきました。

マンガや小説も、はじめにお金を払うという順番ではなくなっていくでしょう。途中まで読ませて続きは課金にしたり、もしくはすべて無料で読ませてグッズや作家とのコミュニケーションなどで収益を上げたりするようになるかもしれません。

これからは、**どの時点で「お金をください」と頼むとファンが気持ち良く払ってくれるのかという問いを、編集者がゼロから考えなければならない**のです。

どのタイミングが、自然な課金のポイントとなるのかは、作品ごとに変わってきます。だから、作品を深く理解している編集者がそこを考えなければならないのです。

これからは、作品作りをサポートする職人的な編集者ではなく、売り上げにもコミットしていく、プロデューサー的な編集者がますます必要となっていくはずです。

編集者は、たくさんの人のことを知り、それぞれの人の強みを理解し、プロジェクトごとに人々に声をかけ、企画を実現させます。ひとつのプロジェクトに複数の人が関わると利害調整が必要になりますが、それをプロジェクトの真ん中で取り仕切るのも編集者の仕事なのです。

100年以上前に講談社を作った野間清治や、文藝春秋という雑誌と会社を立ち上げた菊池寛は、その当時にぴったりの、時代が求めていた新しいビジネスモデルを見つけました。

彼らは、雑誌や会社を作っただけでなく、お金を出し合って「取次」という仕組みを作り、本を売る書店をバックアップして、輸送から集金までの一連の商流をも構築したのです。**コンテンツを作っていただけではなく、どう届けるかという仕組みまできちんと作り上げた。**

そのシステムはものすごく良くできていたので、本を読みたい多くの人の欲求にも見事に応えることができました。よって、100年間も抜本的な改革の必要なく、そのシステムの中で働く人たちにも十分な恩恵をもたらしてくれました。

しかしながら、時代は変わりました。これまでのシステムは制度疲労を起こし、ネットの中にも、まだ確固としたビジネスモデルはありません。

そんな中で編集者も、これまでの仕事の仕方から脱皮する必要がありますし、新たなシステムの構築を急がねばならない段階に来ているのではないかと思うのです。

第4章

「ドミノの1枚目」を倒す

遠くのゴールに辿り着くための基本の大切さ

「基本の徹底」が遠くまで飛ぶための最短ルート

本書は「仮説」を主なテーマに、仮説とは何か、そしてぼくがどういった仮説を立てているのかを語ってきました。

本章では、少し話はズレるかもしれませんが、「仮説を立てる」のと同じくらい大切な「ドミノの1枚目を倒す」ということについて考えます。このテーマは、最後までこの本のタイトルにしようかどうか迷ったくらい、ぼくにとって大切な考え方です。

ぼくが仕事をするときに抱いているイメージが「ドミノを倒す」ということです。ある1枚のドミノを倒すと、次にどのドミノが倒れるのか。それをいつも意識しているのです。

単発の仕事を延々と繰り返すことで目標に近づくのは、どれだけ精神力があっても足りません。ある仕事をすると、次の仕事につながる。そういう**「連鎖を生み出す仕事」であれば、やる気も自然と継続するでしょう**。いかに自分がやる気を継続させられるような仕組みを作るか、ということが重要なのです。

「仕事ができるようになりたい！」と思っている新入社員のときに、まずやることは何でしょうか？　きっと多くの人は、まわりに認めてもらうために何か大きな仕事をする必要があると考えるのではないでしょうか。

ぼくが新入社員時代に重要だと思ったのは、**「電話取り」と「ファックス配り」**でした。この二つをしっかりやることが、その次のドミノをどんどん倒すことになる。その1枚目のドミノを徹底的に攻めよう、と考えたのです。

電話を取ったり、ファックスを配ったりすることは、雑務でしかないと捉えて、早く後輩に引き継ぎたいと思いがちです。しかし、ぼくは、その二つを時間があるかぎり、数年たってもやっていました。

新人がファックス配りをやると、フロアのみんなの顔を覚えられますし、相手にも顔を覚えてもらえます。そのときに、あいさつや雑談をすることで、自然な形で仕事の情報をもらうことができます。さらに、ファックスの宛名と中身がちらっと見えるので「誰がどれくらい、外部のどんな人と付き合っているか」が推測できます。直接仕事を教えてもらわずとも、そのような情報から先輩たちの仕事を想像することで、自分のやることもだんだんとわかるようになります。

最近は、ファックスも電話も、ほとんど個人のメールや携帯になってしまいましたが、雑務は観察の仕方によって予想もしない情報に触れることができるのです。


ドミノを意識することは、このように一人の仕事においてもそうですし、ビジネスを広げ、社会を動かしたいときも同じでしょう。最終的にどのドミノを倒したいのかを見極め、それを倒すためにはどのドミノを倒すべきなのか。その「キーとなる最初の1枚」を徹底的に攻める。

多くの人はなるべくたくさんのドミノを倒そうと躍起《やっき》になります。でも、倒したドミノのすぐ後ろにドミノがなければ、手数を打っても、大きな変化は起こせません。もしくは、到底倒れそうもない、大きなドミノを一生懸命倒そうとする人もいます。でも、手前の小さなドミノも倒していないのに、いきなり大きなドミノを倒すことなど不可能です。

連鎖の起きるドミノをきちんと倒せば、確実に変化を起こすことができる。ぼくはそう考えています。では「そのキーとなる1枚」とはどういうものでしょうか？　ぼくはそれこそが「基本」だと思っています。**基本を徹底することで、自然にドミノが倒れていき、気付けばものすごく大きなことが実現できているのです。**

そのことを強く思うようになった原体験が高校受験にあります。

ぼくは親の都合で、中学生時代を南アフリカのヨハネスブルグで過ごしました。中学受験をしたのですが全滅で、南アフリカでは日本人学校に通っていました。当然ながら、まわりに塾もなければ、書店もありません。目の前には学校で使う「教科書」しかない。ぼくは「こんな環境では、日本でいい塾に通う人たちには、到底かなわないだろう。差が開くだけだな」と思っていました。そこで、仕方なく教科書だけを徹底的に学んでいたのです。たった10人しかいないクラスで、いつも成績を競っている友人がいて、ふたりで切磋琢磨しているものの、「こんな狭いところで1位をとったところで、日本に戻ったら大したことないんだろう」とも感じていました。

しかしながら日本に戻ると、非常にいい成績がとれて、塾から灘高を受けることを推薦され、自分でもビックリしたのです。「井の中の蛙《かわず》大海を知らず」という言葉がありますが、その逆で、井の中で競い合っていたら、大海でも通用するようになっていたのです。ちなみにいつも競っていた友人も、一緒に灘高に合格できました。

日本は情報が多すぎて、いろいろ試しすぎてしまいます。南アフリカには、それがなかったおかげで、逆に基礎的なことだけを集中的にやることができました。**塾や他の教材に惑わされず、ひたすら教科書という基本だけをやっていた。**南アフリカという閉鎖された環境が、幸いしたのです。

「基本って大切だし、すごいな」と実感するとともに、まわりに流されなくなったのは、このときの経験がかなり影響しています。

『ドラゴン桜』の取材の中で、数学の勉強法をリサーチしたときのことです。

「小さい頃は数学が得意だったのに、いつからか不得意になった」という人は多くいます。そういう人たちに共通していたのが「計算問題を大量にやらなくなった時期に数学を嫌いになっている」ということでした。

小学生までは、誰もが計算ドリルや宿題で出された計算問題にたくさん取り組みます。数学が苦手であっても、かけ算の「九九」や「たし算・ひき算」ができない日本人はほとんどいないでしょう。それは小学生時代に、ほぼ全員が繰り返し計算問題に取り組むからです。

ところが中学生になると学校の授業では、抽象度の高い数学的思考を説明する時間が増えて、小学生のように単純な計算問題をやらなくなる。するとたんに数学ができなくなるのです。

取材先の先生の指摘は興味深いものでした。**ただ単に計算が遅くて問題を解きれなくなっただけなのに、難しくて自分には解けないのだと思い込んで、数学を嫌いになってしまう**、というのです。だから、中学、高校でも計算問題をもっとたくさんやって計算力をつけるだけで、数学の実力はまったく変わります。

計算問題をやらないことで、単純に数学の基礎体力が落ちてしまう生徒が多い。いわば筋トレもやらないのに、いきなりスポーツをやって、苦手意識を持つというのと同じようなことが起きてしまうわけです。

英語の勉強についても同じです。中学に入ってすぐは、単語の書き取りや、単純な文法問題に取り組んだとしても、だんだんと単語の勉強をやらなくなり、文法の説明や長文読解に、より多くの時間が割かれるようになります。すると、英語が苦痛になってくるのです。「英語ができない」という人のほとんどは、単語を覚えていないところに原因があります。

勉強をするにしても仕事をするにしても、いちばん強いのは**「最強の素人」**です。つまり、慢心することなく、適切な不安と向上心を持って、地道に努力をし続けられる人。中途半端なプロ意識を持ってしまうのではなく、つねに「素人」のチャレンジ精神で取り組む人。そして、基本を疎《おろそ》かにせず、徹底できる人。

新人作家にもよく言っていることですが、自分自身も永遠の「最強の素人」でありたいと思っています。

上手な絵かどうかは「1本の線」でわかる

安野モヨコさんと一緒に上野の美術館に行ったときのことです。

ぼくは、展示されている絵によって安野さんの見る時間がぜんぜん違うことに気付きました。ある1枚の絵を長い間見ているかと思えば、別の絵の前ではほとんど立ち止まらない。そこで、何を基準に、じっくり見ているのかを尋ねてみたのです。すると、あるデッサンの前で、説明をしてくれました。

「この人のデッサン、迷い線が多くて、あまりうまくないから」と。

絵のうまさとは、なんなのか？

絵を描けないぼくは、構図や色味など、わかりやすい大きなところに注目してしまいますが、絵を描く人は、基本中の基本、「一本の線の状態」で絵のうまさを理解します。**たった一本の線に作家の実力が表れてしまう**のです。

絵の技術が上がるとは、実は一本の線を美しく描けるようになることなので す。それ以来、ぼくも絵の見方が変わり、少しはきれいな線かどうかを感じることができるようになったように思います。

新人マンガ家・羽賀翔一さんの画力を上げるために、彼に小山宙哉さんのところでアシスタントをしてもらったことがあります。

小山さんは羽賀さんの実力をはかるために、課題を出しました。ぼくはいろんな作家が自分のアシスタントや新人に、絵が上手くなるための課題を出すのを見てきましたが、小山さんの課題は究極的にシンプルで、本質的でした。

たいていは描くのが難しい課題を出して、それをやりきれるかどうかで実力を判断します。しかし、小山さんの課題は、このようなものでした。

＊

【課題1】集中線を描いてください

〈5話目〉P131の3コマ目（少年ムッタがラッパ吹くコマ）の集中線を参考に

画面中央に点をとって・出だしが太めで細く抜ける線で・中央の丸のあたりで

抜けるように

【課題2】直線を描いてください

丸ペンかGペンを使って極細、細、中、太、極太の5本の線を引く・定規で5本、フリーハンドで5本の計10本・長さは5センチ程度・最後抜ける線で

【課題3】 2カケを描いてください

〈2話目〉P85（ムッタがラッパ吹くコマ） ムッタの影を参考に・定規とフリーハンドの2パターン・線数は適当に

【課題4】トーンのぼかしを描いてください

〈?話目〉P98の4コマ目「人生なんて……」のフキダシのコマを参考に・トーンは61か62番を使って・だ円のフキダシをつくる

【課題5】缶ジュースと箱を描いてください

缶ジュースとその缶がピッタリ入りそうな箱を描く・缶ジュースは実物を見てカタチのみを描く（ロゴ、模様は不要）・ペンのみ（トーン仕上げは不要）・2点透視を使って同じ地面にのっているように描く・配置、アイレベルは自由

8cm×8cm

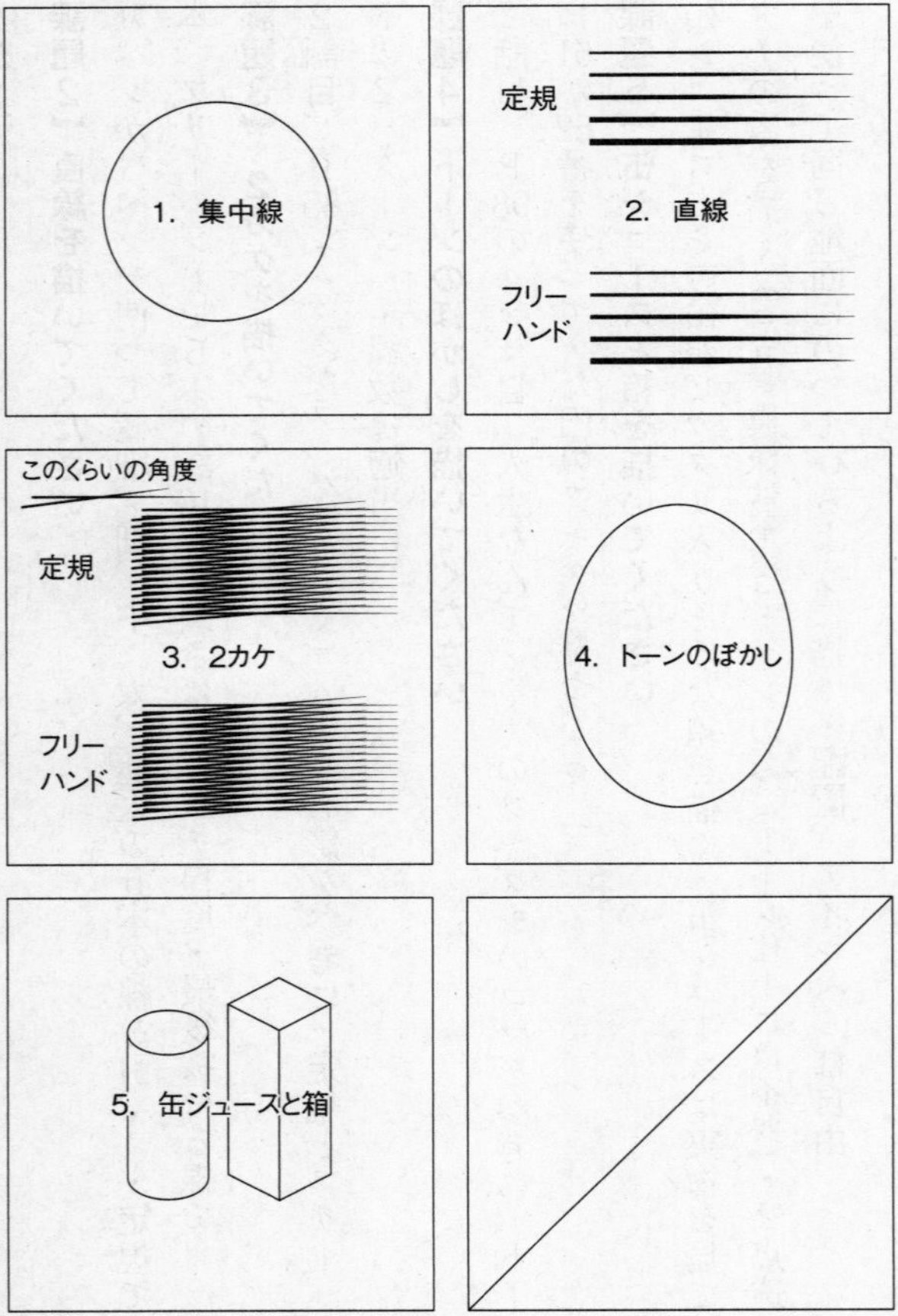
1. 集中線
定規
2. 直線
フリー
ハンド
このくらいの角度
定規
3. 2カケ
フリー
ハンド
4. トーンのぼかし
5. 缶ジュースと箱

・課題は以上の5つです。それぞれ原稿用紙に8㎝×8㎝のコマを描いて枠線も描く。

・はみ出しなどはホワイトで修正してください。それぞれの作業時間も記入しておいてください。

・5つのコマをバラバラに切り分けた状態でもOKです。

＊

小山さんが確認しているのは、まっすぐな線とななめの線の描き方です。それを見れば、どれだけペンをコントロールできているかがわかるからです。あと、なぜ「缶」なのか？　缶のプルトップのところは、ややこしく、しっかり観察して描かないとリアリティのある絵にならないからだそうです。

ペンをコントロールできて、観察力があれば、絵はどんどんうまくなっていきます。小山さんが作家として成長できたのは、何が基本で、どんなトレーニングをすればいいかを自分で考えることができたからでしょう。

小山さんの成長を感じたエピソードがあります。

新人時代の小山さんの絵はフリーハンドでした。フリーハンドの絵は、味があるのですが、世間的な大ヒットになりにくくもあります。多くの人は、一見してきれいな線のほうが好きだからです。だから、小山さんに、定規を使って線をきれいにするようアドバイスをしました。

小山さんは、すぐに定規を使って描くようになったのですが、『ハルジャン』という作品をやっているときに、彼のアシスタントが小山さんの事務所の定規が使いにくいと愚痴をこぼしていました。

小山さんに聞いてみると、定規にカッターでギザギザのすごく細かい刻みを入れていると言います。そのギザギザ定規を使うと、線がまっすぐでも、微妙にゆらゆらする。その線の「ゆらぎ」は、ぱっと見では気付かないくらいの細かさなのですが、線の持つ情報量が増えて、「味」が生まれるのです。

ぼくがアドバイスした「きれいな線」を描くことを達成しつつ、さらに自分で工夫を加えていた。これまでいろんな新人マンガ家を担当しましたが、道具を自分で開発して絵を描く人は初めてでした。

その後しばらくして、『宇宙兄弟』を小山さんが描き始めた頃に、「まだギザギザの定規、使ってるんですか？」と聞くと、「ふつうの定規でも、自分の描きたい線が描けるようになったので、今は使っていません」と言っていました。自分の工夫すらも簡単に捨てて、成長しようとする姿勢がやはり一流です。

小山さんが、新人の頃から着実に成長し続けられるのは、楽をしようとしたりせず、焦《あせ》らずに基本を大切にする努力を重ねているからなのです。

多くの人がおろそかにしがちな「真似ること」

「真似ること」は、基本を身につけるのにもっとも有効な方法です。

しかし、新人マンガ家は真似ることを嫌がります。たしかに、マンガの世界はオリジナリティのある作家だけが生き残る世界ですが、「真似た作品を発表すること」と「真似てトレーニングをすること」はまったく別のこと。**真似て、基礎**

の力を自分のものにした人だけが、オリジナリティのあるものを描けるのです。

計算力のある人だけが、文章問題を解けるのと同じでしょう。

そもそも新人は、真似ることすらうまくできません。うまく真似るよう努力し、元の絵との差を見比べながら、成長していくのです。新人が自分の描きたいように描いているだけだと、ダメなクセが逆にどんどん強化されてしまいます。遠回りで、無駄なように思える「模写」をすることが重要なのです。

また、ぼくが新人に出す課題にこんなものもあります。

大好きな短編か、マンガの一話を5回くらい読み込んでもらいます。それをできるかぎり記憶して、まったく同じ物語を自分で再現してもらうのです。

これは、相当難しい課題です。しかし、これをやることで他のマンガ家がどのようにリズムを作っているかなどを意識することができるようになります。

マンガには、一見ストーリーに重要でなさそうな景色のコマなどがあります。そういうコマで、場面転換や時間の経過などを自然に伝えているのですが、あらすじやセリフを記憶しているだけでは、そのようなコマを再現することができません。

そのようなトレーニングをして基礎力が上がると、自分が表現したいことを表現できるようになっていきます。

人は、「自分の個性が何なのか」「強みが何なのか」ということを、自分では見つけられません。**真似るという行為は、他人になろうということではなく、他人との比較によって、自分の個性と強みを見つけようとすること**なのです。

「ちゃんと見る」がすべてのスタート

一流のマンガ家、一流の経営者に会っていると、いつも同じ感想を持ちます。

ふとした会話のときに、「そんなところまで見ていたのか！」と思うことがすごく多いのです。ふつうの人が気付かないようなちょっとした「歪《ゆが》み」や、ほとんどの人が見落としてしまうような「美しさ」に一流の人たちは気付きます。

誰も読んだことがない物語を作る人も、誰も想像できない社会を実現する経営者も、優れているのは「想像力」というよりも「観察力」です。

ぼくは新人マンガ家に対して、表現力の前に、観察力を鍛えるようにアドバイスします。**表現するには、その元となる素材を「観察する力」が必要**だからです。

新人の作品を読むときにぼくが確認するのは、その作品のおもしろさよりも、観察力があるかどうかです。

多くの新人が描くマンガは、「現実」を観察して描いているのではなく「マンガ」を見て描いています。マンガを見て描いたマンガのほうが、登場人物の見た目などは、きれいで読みやすくなります。現実を観察して描くほうが難しい。しかし、マンガを見て描いている人は、伸びシロがありません。仮にその一作がおもしろくても、再現性のある可能性が低い。観察する量が少なくて、頭の中に情報のストックが足りないと、何度もおもしろい話を描くことはできないのです。

観察力がある人は、努力すれば必ず表現力を身につけることができます。でも、その逆に、いい観察ができない人は、継続していい表現をすることはできません。

今コルクでは羽賀翔一さんを育成していますが、彼には「今日のコルク」という1ページマンガをほぼ毎日描いてもらって、ネットで発表していました。コルク社内で起きるちょっとした事件や発見をマンガにしてもらったのです。

新人がいきなり中編のおもしろい読み切りを描くのは、かなり難しいことです。かといって、数ヵ月ずっと作品を描かずに、物語を考えてばかりでも成長しません。観察力を鍛えるトレーニングとして、1ページマンガだと毎日続けることができて、ちょうどいいのです。

1ページの中に、どれだけ濃い情報を詰めることができるか。観察力とともに情報を詰める表現力の訓練もできます。その後、中編のマンガを描くようになると、今までよりもずっと情報の入っている物語を作れるようになるでしょう。

観察力は基礎力です。語学ならば、語彙《ごい》みたいなものでしょう。語彙が増えれば増えるほど、文法がいい加減でも話せる話題が広がっていきます。

同じように、**観察力が上がっていくと、同じものを見ていても、他の人とは違う、ものすごく濃密な時間が過ごせるようになっていく。**風景にしても、世の中の出来事にしても、人の心にしても、目に見えない微妙な変化やおもしろさに気付くようになります。その段階に入った作家は、みるみるうちに一流へと駆け上がっていきます。

では、どうやって観察力を上げるのか？

何かを見るときに、「注目するポイントを変える」というわけではありません。

ぼくらは普段、ちゃんと見ているように思っても、ほとんど何も見えていないのです。あとで「さっき、何があった？」などと聞いてみても、漠然としか記憶していないでしょう。そのことを意識することから、観察は始まります。

私たちのほとんどは、「見たいものしか見ていない」のです。「現実をほとんど見ていない」ということを理解できたとき、観察力は上がっていくでしょう。

「努力をする」という最低限の基本

モーニング編集部にいるときに、たくさんの新人マンガ家と出会いました。「磨けば光りそうだな」と感じると「新しい作品を、下書きでいいのですぐにでも持ってきてください」と伝えていました。しかし、**本当に下書きを持ってきたのは、数人しかいなかった**のです。そのうちの一人が、小山宙哉さんです。

週刊連載をやっているプロのマンガ家は、当然ながら毎週新しい作品を生み出します。ときには大幅な直しをしたりして、1週間の物語を作るために40ページ、50ページ分のストーリーを作ることもあります。さらに、できた物語にペン入れをする。ストーリーを作る技術も、絵を描く技術も、どんどん向上していきます。ベテランでもそれだけの努力をしているのです。

それを追い抜かなくてはいけない新人は、それ以上の努力が必要です。ネット上であれば連載枠は無限にありますが、紙の誌面は有限です。ベテランから自分の枠を奪い取らなくてはいけない。

磨けば光る才能を持っている人にはたくさん会いましたが、覚悟を持って努力して、それを磨ける人はほとんどいませんでした。観察力も重要な才能ですが、努力できるのも、長期間の仕事をするには重要な資質です。

ただ、「努力すること」は本当に難しいことです。1日、2日のことであれば、根性で乗り切れますが、長期間は無理でしょう。人間というのはとにかくサボる動物だからです。だから、**サボらないように工夫をすること、努力を続けるための仕組みを作ることが、大切**になってきます。

ぼくも、以前はしょっちゅう、「明日こそは頑張る！」を繰り返していました。それがなくなったのは、『ドラゴン桜』の取材を通じて得られた知識のおかげです。

作中でも紹介しているのですが、「二重目標」という考え方があります。二重目標とは、何かを成し遂げるにあたって「毎日絶対にできる目標」と「理想的な目標」の二つを作るという方法です。

たとえば、英単語を覚えたいのであれば「一日一回、必ず英単語帳を手に取る」という目標と「毎日10個新しい単語を覚える」という目標を立てます。目標を二つ立てるのです。後者の「10個単語を覚える」という目標を、毎日達成するのは難しいでしょう。何日かやらない日が続いてしまうと、目標自体をなかったことにしたくなります。それに対して「毎日単語帳を手に取る」という目標であれば、努力がほとんどいりません。これであればどんな人であっても継続することができるでしょう。

「覚えなきゃ」と思うとプレッシャーがかかりますが「単語帳を手に取るだけでいい」ならば、行動のハードルは相当に低くなるはずです。単語帳を手に取る機会が増えれば、自然にそれに目を通す回数も増えます。繰り返し目にするうちに、単語を自然に覚えていくはずです。それを繰り返しているうちに、やがて一日10個以上のペースで単語を覚えていくようになります。

この考え方は仕事をするときにも、もちろん使えます。

ぼくは「一日一回は必ず自分が担当している作品を考える」という目標と「作

品を多くの人に広げたり、作品をおもしろくしたりするアイデアを考える」という二つの目標を立てています。「『宇宙兄弟』、今から何ができるかな？」「『オチビサン』の魅力は、どうすれば伝わるかな？」「『テンプリズム』のワクワクって、どうやれば伝わるのかな？」と作品のことを考えるわけです。

実効性のあるアイデアは、すぐには思いつきません。かといって、まとまった時間をとって集中して考えても思いつかない。ただ、思いつかなくても、問題ないのです。その問いかけを毎日やり続けることが重要です。毎日考えていると、いろいろな情報が頭の中で急に結びついて、いいアイデアが出てくるときがあるのです。

人生を変えるには習慣を変えるしかない

月曜日の朝はいつも、社員と8時半から定例のミーティングをしています。その週の目標とやらないといけないことを確認するのです。

あるとき、土日にイベントがあり、ちょうどぼくに子どもが生まれるということが重なったことがありました。社員から「子どもも生まれたばっかりですし、土日もイベントだったので、明日の会議はなしにしましょう」と提案され、「それもそうだな。社員も疲れてるだろう」と思い、休みにしました。

しかし、後になってこの決断は正しかったのだろうかと反省しました。すごくささいなことなのですが、こういうところから習慣が失われてしまうのではないか。たった一回の休会から、すべてが崩れていくのではないかと思ったのです。

人間は、どれだけ強く決意をしても、大きく変わることなどできません。変わるためには、「習慣にすること」が必要です。習慣にして、少しずつ少しずつ変わらないといけない。たとえ1ミリずつでもいいから前に進んでいれば、結果として長い期間で見れば大きく前に進むことができます。油断すると、習慣というものは簡単になくなってしまって、現状維持になってしまうのです。

ミーティングをやらない理由は、今回の場合は「子どもが生まれたから」「土日仕事だったから」でしたが、その気になるといくらでも見つけられてしまいます。**「日々の努力をしない理由」というのは簡単に見つかってしまう**わけです。だから、あるひとつの理由でそこの習慣を変えてしまったら、簡単に他の理由でもやらなくなってしまいます。

臨機応変に、そのつど変えればいい、という考え方もあるでしょうが、ぼくは極力ルーティンを変えません。継続してコツコツやっていくしかないからです。月曜のミーティングは、気持ちをリセットして、自分の時間の使い方を見直す機会であり、そのことが与える影響はとても大きいと考えています。だから、「ただ、会議をひとつ飛ばしただけ」とは考えないのです。

「スケジュールをコントロールする」ことで、努力を積み重ねることができます。

よく、「自分を変えよう」と思って「よし！　やるぞ！」などとやる気を出したり、気合いを入れる人も多いですが、気力だけで自分を変えることなんて絶対無理です。

それより簡単で確実なのが**「スケジュールをブロックしてしまうこと」**なのです。「この日のこの時間は、これをやる」ということを決めてブロックしてしまい、そのスケジュールによってスイッチが入るようにしていくわけです。

とにかく、自分を、自分の意志というものを信じないようにすることが大切です。多くの人は「自分だったらできる」とか「自分が本気を出せば不可能はない」といった、自分の半分しか見ていません。いい面だけを見ようとする。「自分はサボる」「自分は集中できない」「努力が続かない」という弱い部分は見ていないものです。

よく「今回こそ生まれ変わります!」と若い社員は言っていますが、そういう気合いよりも、毎日の努力をするための時間の取り方を変えるほうが、ずっと楽に生まれ変われます。

ぼくは「自信がありそう」と言われることも多いのですが、ぼくほど自分を信じていない人はいないかもしれません。意志の力を信じていないのです。**「意志」ではなく「習慣」でしか人生を変えることはできない、**と考えているのです。

余談ですが、自信があるように見えるのは、「自分を信じていない、という態度をまわりの人に示す必要がない」と考えているからでしょう。自信がない様子を周囲に見せるのは、失敗したときに批判されないようにするためです。挑戦前から自己保身をしているのではないでしょうか。そのような態度は、誰も幸せにしません。

もうひとつ、環境を変えることも自分を変える上では有効でしょう。

創業から3年経って、2回目のオフィスの移転先を探し始めています。今のオフィスでも人数的にまだ余裕はあります。でも、この箱の中にいると、この箱にぴったりの会社のままで、成長が遅くなってしまう。さらに大きなオフィスに移ることを目指し、そのオフィスが活気にあふれた場所になることをイメージして働く。そうすることで、成長できる。いや、そこまでしないと成長できないのです。

ぼくの起業に対して、多くの人から「講談社の中にいたまま改革すればよかったじゃないか」とか「大きい会社のほうができることもたくさんあったんじゃないか」とアドバイスをもらいました。まったくその通りではあります。

しかし、ぼく自身の成長を考えると、環境を変えないと成長できなかった、というのも事実です。よって、「講談社に問題があった」のではなく、「講談社の居心地が良すぎた」ことのほうが問題だったのです。

努力を続けられるような習慣を保つためには、自分に刺激を与えてくれる環境に身を置き続ける必要がある。ぼくはそう考えます。

自分を5年、信じられるか

自分の意志というものを過信しないで、習慣によって自分を成長させることが大切だ、とお伝えしました。

ただ、矛盾するようですが、それでもやっぱり最後は「自分を信じる力」も重要です。自分の意志というものを過信してはいけませんが、自分を信じる姿勢は維持し続ける必要があるのです。

この章の最後に、信じるということについて、お話ししたいと思います。

世の中の人は「新しいもの」に、あまり反応しません。世の中の人が反応するのは、既存のものから少しスライドした「ちょっと新しいもの」だからです。よって、「新しいもの」を描く作家の作品がすぐに世の中に受け入れられることは、めったにないのです。

ぼくの感覚では、3年続ければ、徐々に世の中から受け入れられてきます。「あれ？ 今までと世の中の反応が違うぞ」という反応が出てきて、もう少し頑張れる。

そして、大爆発するのは、5年目ぐらいです。『ドラゴン桜』も『宇宙兄弟』も、どちらも3年ほど経った頃から、やっとヒットの兆《きざ》しが出てきました。

多くの人は、だいたい1年ほど結果が出ないと、そこで諦めてしまいます。2年頑張れる人もかなり少ない。**3年、自分を信じて、努力し続けることができる人はほとんどいません。**

編集者の仕事の重要なところは、誰も信じていない才能を、本人と一緒に信じることです。世間は結果や数字だけを見て、人を信じるかどうかを決めます。編集者は、自分の経験をもとにその才能を信じます。

とは言っても、「信じ続ける」ことはとても難しいことです。作品の売れ行きが悪かったら、「やっぱり考えが甘かったか……」と弱気になってしまうことが、ぼくにもあります。作家も、ぼくには見せなくても、そのようなときがあるでしょう。でも片方が不安なときに、もう片方が自信を持っていると、そのような難局をなんとか乗り切れます。作家が自信をなくしているときは「編集者が作家を信じる姿」に、作家は自信をもらう。その逆もまた然《しか》りです。

「やっぱり自分には才能がない」と自分で勝手に決めつけてしまって、消えてしまった人がたくさんいます。本当はすごい才能があるのに、諦めてしまうのは本当にもったいないことです。

自分を信じ切れる作家、作家を信じ続けられる編集者の双方がコンビであることで、ヒット作は生まれるのです。

コルクを創業するとき、周囲からかなり反対されました。ぼくの両親も含めて、です。そして、それだけ反対されるということは、「夢中になっているぼくには見えていない重要な落とし穴」があるのではないかと不安にもなりました。

そのときに、ぼくが自分を信じる力をくれたのは、妻でした。悩むぼくに対して、「周囲は庸平さんのことをよく知らない。ご両親の頭の中にいるあなたは、まだ高校生のときのあなたで、それと比べると、講談社のほうが立派で安全に思える。私は、あなたを、あなたの10年後、20年後を信じていて、あなたが楽しいと思う道を行くほうが、いい未来が待っていると思う」と言ってくれたのです。

その言葉によって、自分で自分に期待することができるようになりました。そして、ぼくが給与を思い切って下げられるように、「車を売る」という象徴的な行為を、妻が率先して行ってくれたのです。

それと同じように、ぼくは、誰よりも作家のそばにいて、作家がやりたいことを理解します。そして、作家の才能のすごさを知っているぼくが全力で作家を信じることで、作家も自分に期待することができ、ワクワクしながら仕事ができるでしょう。

そんな環境を整えるのが、編集者としてのぼくの仕事なのです。

第5章

不安も嫉妬心もまずは疑う

「先が見えない時代」の感情コントロール

「自分の感情」を疑え

仮説を立て、実行する。そこから集まってくる情報をもとに検証する。ぼくはこのサイクルを意識してきました。

そのときに大切なのが、あらゆるバイアスから自由になることです。**「常識」と「自分の感情」が主なバイアス**ですが、「常識」は「宇宙人視点」での思考が有効だとお伝えしました。一方、「自分の感情」のバイアスから自由になるのは、本当に大変で、ぼくも苦労しています。

うまくいっていないときは、何を見てもマイナスに捉えてしまう。逆に調子がいいときには、気が大きくなって誤った判断をしてしまう。

この感情のバイアスは、どうすれば防げるのでしょうか？

起業した後は、感情の起伏がより大きくなったため、どのように感情をコントロールするかが、ぼくにとって大きな課題となりました。

以前は、スティーブ・ジョブズが禅にのめり込んでいたというエピソードを聞いても、何も思いませんでした。東洋思想とか、神秘的なことが好きなのかな、と思ったくらいです。しかし、今は少し気持ちがわかります。ジョブズも、自分の感情をどうコントロールするかに興味を持っていたのだと思います。「ジョブズも悩んでいたのか」と思うと、救われる思いがします。

「経営者」というと、決定権があって自由なイメージが大きかったのですが、実際は違います。**悪い情報がもっとも集まってきて、日々決断を迫られるのです。**9割が我慢と忍耐で、1割が喜びです。その1割の喜びがとてつもなく大きな喜びなので楽しいのですが、多くの時間は、さまざまなストレスにさらされ、不安に対処しなくてはいけません。

たいていの不安は慣れによって解消できますが、会社員時代は作品づくりに関わっているだけだったので、会社経営における不安にはなかなか慣れていきません。特に、「資金繰り」というのは、予算管理や数字のノルマといったものとは、まったく違った感覚があります。

コルクは、事業が順調に推移しているので、論理的に不安になる必要はなくても、予定納税を支払って、単月のキャッシュフローが赤だったりすると、なんとなく不安になるのです。

小さい不安を飼いならして、大きなリスクを平常心で取りにいけるようになりたい。

そのためにぼくが取ることにした方法は、「自分の感情を信じない」ということです。感情の起伏があることはいいことなのですが、決定したり、指示したりするときには、自分の感情をまず疑って、確認してから行動するようにしています。

自分をある程度「客観視」できれば、感情への影響を考慮することができます。

ぼくは最近、ウェアラブルデバイスを使って、自分を客観視しようとしています。心拍数や睡眠時間、睡眠の質などを測っているのです。

社員の行動を不安に感じたり、マイナスの感情を抱くのは、たいてい睡眠が足りていないときです。徹夜などのわかりやすい睡眠不足であれば、誰でも気付けるでしょうが、なんとなくの睡眠不足はデータで管理していないとわかりません。

この原稿を書いている今、データを見ると、通常の週よりも平均睡眠時間が30分少なくなっています。そのような時期に湧き上がってきた感情は、すべて一度保留にして、「休みを挟んだ後にどう感じるか」を再度、検討するようにしているのです。

「短期的な成果」に左右されない

コルクの強みは、外部の資金が入っていないので、大企業がとれないような長期的な視野で戦略を立てやすいところです。海外やネットの戦略は、かなり長期的な視点で考えるようにしています。誰もが短期的には無理だと思ってやらないことをやるのが、ベンチャーの価値だと考えるからです。

それでも、海外やネット事業に対して、「やる価値があるのだろうか？」と不安になるときがあります。どういうときに不安になるのかを観察してみると、「長期的な戦略でやる」と決めているのに、「短期的な収益を気にしている」ときでした。

目標はメガネみたいなもので、正しいメガネをかけて現状分析をしないと、景色は歪んでしまい、正しい判断ができません。**「長期的」というメガネをかけないといけないときに「短期的」のメガネをかけてしまうと、余計な不安が発生してしまう**のです。

不安は思考にバイアスをかけます。**不安だと、その不安を消すために「こうあってほしい現実」だけを見るようになってしまう**。本当は「10年後、20年後の成果」を求めないといけないのに、不安になると「すぐ得られる成果」を求めようとしてしまうのです。

ほとんどの不安は「自分の中」に原因があります。ところが、不安から自分を守ろうとして、その理由を外部に求めようとしてしまいます。すると、不安になるような情報を排除してしまい、自分にとって心地のいい情報しか集められなくなるでしょう。これが怖いのです。

ぼくには、こんな長期ビジョンがあります。

世の中は効率や節約を求め続けていますが、その後は必ず、不必要なものや娯楽を求めるようになります。

インターネットもそうです。ソニーとパナソニックの例を出しましたが、必ず**「時間節約から時間消費」**に流れがきます。時間軸を予測するのは難しいですが、これは間違いないでしょう。

リアルの世界には「必要に迫られた買い物」と「買うこと自体が娯楽の買い物」があります。インターネットの世界ではどうでしょうか？

アマゾンが目指しているのは、究極の時間節約です。一方、楽天やアリババの仕組みは、アマゾンとはずいぶん違います。リアルの世界と同じように、お店とお客がコミュニケーションをとるのです。時間節約としてネットで買い物をしているのではなく、時間消費として買い物をしている。アマゾンが「必要に迫られた買い物」なら、楽天やアリババは「買うこと自体が娯楽の買い物」ということになるでしょう。

最終的には、時間消費としての買い物のほうが大きくなってくるはずです。

ただ、時間消費はコミュニケーションが鍵になります。今は、ネット上のお店とお客のコミュニケーションは、リアルと比べるとずっと不便です。**コミュニケーションの問題が解決されたら、ネット上の売買は爆発的に増えるとぼくは予想しています。**

たとえば、アマゾンのキンドルをはじめとした電子書籍のサービスは、商品が並んでいるだけで、時間節約のための売り場になっています。電子書籍自体が、物理的な重みをなくすなど、「効率を重視して設計」されていて、そこには「本自体を味わう」というような時間消費の発想は入っていません。

この本のようなビジネス書であれば、ぼくの講演会を聞くよりもずっと早く、正確に情報を得られるので、電子書籍は非常に便利かもしれません。しかし、ぼくとコミュニケーションをとったり、ぼくの人柄を知るのであれば、本よりも講演会に来るほうが意味があるでしょう。

今、ぼくは、「マグネット」(https://magnet.vc)というサービスを手伝っています。

このサービスは「作家と読者が作品を介してつながることができる」ツールです。作家がプラットフォームの事情に左右されることなく、ファンとつながって作品を手渡すことができるのです。

本という存在自体が「時間消費」のためのものです。であれば、本を購入する体験も拡張されて「時間消費」になったほうが、確実におもしろさや楽しさは増えます。

多くの人は、本をインターネットで買うときには、アマゾンなどのプラットフォームへ行きます。つまり、市場《いちば》に行って本を買う。それが当たり前だと思っているでしょう。

マグネットはそうではなくて「作家から直でマンガを買いませんか？」という提案なのです。現実の世界で作家から作品を買うことは難しいですが、インターネットの世界だったら簡単に作家のところに行ける。だったら、作家から直に買ったほうが楽しいし、新たな工夫も生まれます。

しかし、正直、苦戦していて、なかなか利用者が増えていきません。現在の商習慣とあまりにも違いすぎて、どうやってそのサービスを使えばいいのか、作家の人も読者の人もわからないのかもしれません。どうやったら、わかりやすくなるのか？　それを日々、試行錯誤しているところです（２０２１年現在、マグネットはクローズしている。利用者が増えず、理念はよくてもタイミングが良くないと判断した。代わりにマンバというサービスにピボットした。こちらは作品と読者がつながりを作るプラットホームだ。あいも変わらず苦戦しているが、目指す世界は変わらず、挑戦しつづけていることを補足しておく）。

最近は、ベンチャーとして挑戦するのであれば、「すぐに結果が出る」ようなことをトライしていてはダメだとも考えています。**すぐに結果が出るのは、新しいことに挑戦せず、参入障壁が低いことをやっている証拠**だからです。

少し話は横道にそれましたが、不安などの感情バイアスを排することがいかに大切か、ということです。

昨日より今日、今日より明日、1ミリでも進んでいればいいのです。

不安というのは「自分を信じられていない」状態です。**未来の自分を信頼できるようになると、余計な不安はずっと減ります。**

「やりたいからやる」が強いわけ

ベストセラーになった『ドラゴン桜』も『宇宙兄弟』も、最初から多くの人に読まれていたわけではありません。

「どんなマーケティングをして作ったのですか？」とよく聞かれるのですが、**作家と編集者が、自分たちが読みたいものを作っただけです。**何が今の時代に合うかを調べて、そこに合わせて描かれた作品ではありません。だから、受け入れられるのに時間がかかるのです。お金をテーマにした『インベスターZ』も5巻くらいになって、ようやく世間が興味を持って動き出したという実感があります。

仕事をするとき、誰もが何らかのモチベーションを持っていると思います。「とにかく儲《もう》けたい」「成功したい」「認められたい」……。こうしたモチベーションは、たしかに大切です。でも、一方でこの類《たぐい》のモチベーションは「儲けられない」「成功できない」「認められない」という事態に直面したときに、続けることを止めてしまうという脆《もろ》さも秘めています。

会社の新規事業は、儲けることを最優先せざるをえないことが多いので、芽が出始めないと2、3年で撤退してしまうことがほとんどです。でも、ぼくの経験からすると、どんなことでも3年で芽が出始めて、最低5年間は続けなければ成果はなかなか出ないものです。

では、ぼくは何をモチベーションに動いているのか？　それはたったひとこと。**「やりたいから」**です。「やりたい」を継続するために、「儲ける」もしっかりやる。「やりたい」ことが1番目にきて、「儲ける」が2番目にくる。この順番ならば、いつまでも諦めずにやり続けることができます。やり続けられるということが一番の強さなのです。

また、会社を辞めたことに対して「不安にならなかったのですか？」と聞かれることもあります。不安がなかったわけではないのですが、やりたいことを誰に止められることもなくやり続けられる、そのワクワク感のほうが勝っていました。**「やりたいからやる、だからこそ続けられる」**というのは、ぼくの根本にある思いです。

英語が話せる人、経理ができる人、法律がわかる人、プログラム言語が書ける人、コミュニケーション能力がある人、どれも重要な才能です。でも、エンターテイメントに関わる上で、もっとも大切なのは「やりたいことがある人」です。

そして、やりたいことがある人は、確実に自分の好き嫌いをはっきりと把握しています。**好き嫌いがわかっているというのは、自分の欲望のあり方を正確に把握している**ということだからです。

「何がやりたいのか？」を把握すること。そのために、自分の好き嫌いを理解すること。それが重要なのです。

自分の「好き嫌い」を把握しているか

作家、マンガ家も、自分の「好き嫌い」を把握しています。

２０１３年に安野モヨコさんが５年ぶりに描いた新作『鼻下長紳士回顧録』は、変態紳士を描いた作品です。「なぜ、変態紳士？」と思った方もいるでしょうが、変態とは、究極的に自分の好き嫌いを理解している人々のことです。作中に、こんな言葉があります。

「変態とは目を閉じて花びんの形を両手で確かめるように、自分の欲望の輪郭をなぞり、その正確な形をつきとめた人達のことである」

表現は、自分の好き嫌いを理解していないとできません。安野さんは、ストーリー作品を描いていない5年間、自分がやりたいことは何なのかを考えていました。

『鼻下長紳士回顧録』は、安野さんと関係のないストーリーのように感じますが、かなり本音が詰まっている、自分を素直に表現した作品なのです。

『宇宙兄弟』のおもしろさは、4巻くらいを境にレベルが何段階も飛躍的に上がりました。それまではネームの修正を提案することもあったのですが、それ以降は完璧なできで、世間の読者と同じように続きを楽しみにし、感想を言うだけ、という感じになりました。

なぜ、そんなにストーリー作りがうまくなったのか？　成長した秘訣を知りたかったので、小山さんに理由を聞いてみると、こんな答えが返ってきました。

「実は最近まで、お話を作らなきゃ、と思っていました。そうではなくて、自分は何が好きで、何が嫌いで、どういう絵を描きたいのか。それが最近わかってきたんです。

読者がどんな展開だと喜ぶかな？と考えるよりも、自分の好きな展開だけを入

れていくようにした。そうしたら、そのほうが読者にとってもおもしろいみたいです」

自分の好き嫌いを知ることは、本当に重要です。そんな当たり前のこと、誰でもできていると思うかもしれません。でも、自分が何をどれくらい好きかを他人に説明しようとすると、とたんに自分が自分のことを何も把握していないことに気付きます。

嫉妬心をエネルギーにして抱く目標は小さい

嫉妬心や怒り、悔《くや》しいという気持ちをモチベーションにして動く人も多いと思いますが、ぼくはそういう「負の感情」はなるべく長時間、抱かないようにしています。なぜなら、そういうマイナスの感情を使って立てる目標は、どうしても小さいものになってしまうからです。

たとえば、自分の考えていたアイデアをパクられて、先に結果を出されたとします。すると「その作品よりも売ってやる！」とか「見返してやる！」という目標にしかならないでしょう。「あいつが10万部売れたから、こっちは20万部だ！」とやっていると、20万部が売れた時点で「ざまあみろ」と言って終わってしまいます。

負のエネルギーは力を持つのですが、長期的に見るとそれでできることなんて、案外小さいのです。**「世の中を良くしたい」「人を楽しませたい」といった正のエネルギーのほうが、大きなことを実現できる。**正のエネルギーは、共感されやすく、まわりを巻き込んでいき、より大きくなることが可能だからです。

ぼくが、嫉妬をしないのかというと、そんなことはありません。

『進撃の巨人』の編集担当で川窪君という男がいます。講談社の後輩で、すごく優秀で、彼が頑張るとぼくも刺激を受ける。そういう存在です。

川窪君とは、定期的に会って会食をします。そのときに、お互い自分のやっている仕事や考えを話し合います。川窪君は、吸収力が高く、そのときに聞いた話をブラッシュアップして、自分のアイデアへと落とし込みます。そのような吸収力と実行力がある人はなかなかいないので、刺激的でいろいろと情報共有をしたくなるのですが、同時に悔しさを覚えるときもあります。

『進撃の巨人』という横綱級の作品でぼくが考えている戦略を実行すると、ぼくがやるときよりもずっと効果が出るわけです。正直言って、なんだか悔しい気持ちになる。すると、情報は自分だけにとどめておくほうがいいんじゃないか、というケチな考えが心の中で生まれます。

そこでひと呼吸置いて、考えてみたのです。

「なんで悔しいと思ったのだろう」↓「その方法を一番はじめにうまくやって自分が目立ちたい、という思いがぼくの中にあったんだな」↓「ぼくが本当にしたいのは、目立つことではなく、作品をより広めること」↓「その目標に関しては、別に邪魔されたわけでもない」↓「ぼくが考えていたアイデアは、メジャー作品には通用して、マイナー作品には通用しないということが明らかになった」↓「アイデア自体は悪くなかったけど、今のぼくの担当作にはふさわしくない」↓「では、新しいアイデアを考えてみよう」。こんなふうに考えたのです。

アイデアは世間の風に触れさせることで、さらに新しいアイデアを生み出すことができます。風に触れさせないと次のアイデアに進めず、同じアイデアにこだわってしまいます。似たようなアイデアを思いついている人なんて、必ず数百人はいます。自分だけが思いつくなどということはなくて、時代の空気によって、そのようなアイデアが思いつくように促されている。だから、ブラッシュアップするために、どんどん世間と共有したほうが、結局は自分のためにもなります。

嫉妬は、たいてい自分が目立ちたい、評価されたいという気持ちから起きます。でも、「自分が目指しているのはそこではない」と冷静に分析できれば、そのような気持ちは自然となくなります。

仮説がないと、未来は変えられない。でも、仮説だけじゃ何も起きません。それを実行する人が必要で、そのほうが、仮説を立てるよりもずっとずっと難しい。

ぼくは、仮説を立ててすごいですね、と言われたいわけではありません。それによって、世の中を変えたいのです。だったら、自分の考えはどんどん人と共有して、仲間を増やしていったほうがいい。この本を書くモチベーションもここにあります。

仮にぼくと一緒にやらなくても、そのことによって、ぼくのイメージしている未来が早くくるなら、それはそれでいいというのが、ぼくの価値観です。

「100%の自信を持ったコピト」を脳内で増やしていく

自分に自信を持っている人は、不安などの余計な感情に関わる時間が短いため、何をやってもうまくいく傾向があります。自分を信じることのできる人は、行きたい場所に迷わず進んでいくことができるのです。

ぼくは昔からよく「自信がありそう」と言われてきました。ただ帰国子女にありがちな態度がそのように感じさせていただけで、実は自信がないことも多く、なぜそう言われるのかが不思議でした。

ただ、『ドラゴン桜』の取材を通じて「自信を持つための思考法」を知り、それを実行するようになってから、本当に自分を信じられるようになったのです。

それは、親野智可等《おやのちから》さんという子育ての本を書いている方から教えてもらった方法です。詳しくは『ドラゴン桜』を読んでいただくとして、ここでは簡単にご紹介します。


「英語できますか？」と聞くと、ほとんどの人が「いいえ」と答えるでしょう。

そこでまず、頭の中にコビトを思い浮かべてください。小さい「あなた」がたくさんいるところです。

コビトの「あなた」の一人は、「Aから始まる単語だけを覚えるあなた」です。その一人に「Aから始まる単語は得意？」と聞いたら「得意！」って答えられるでしょう。Aから始まる単語「だけ」を覚えるコビトなのですから。

そして、その横には「Bから始まる単語だけを覚えるあなた」がいます。彼に「Bから始まる単語なら得意？」と聞くと「Aが覚えられるんだから、ぼくもできるよ！」と答えると思うのです。そうやっていくと、C、D……Zまで、みんな自信を持てるようになります。

さらにその横には「仮定法だけを覚えればいいあなた」や「関係代名詞だけを覚えればいいあなた」がいて……というようにやっていくと、文法にも自信を持てるでしょう。最終的にその集合体に「英語できますか?」と聞くと、全員が「はーい!」って言うようになると思うのです。

英語のコビトが自信を持っているなら、数学のコビトも、「自分もやればできる」と思うはずです。こうやって、**コビトの自信をどんどん伝染させていって、全体的な自信を生み出す**のです。

この、コビトをイメージして自信を伝染させる方法で、ぼくはかなり人生が変わりました。おすすめの思考法です。

自信といっても、「何でもできる」という自信である必要はなく、「やればできる」という自信を持つことが大切です。「自信を持つ」というのは「万能感を持つ」ことではないのです。

仮に「何でもできる」と思っているとしたら、それはニセモノの自信です。たとえば「俺は毎回ヒットが作れる!」というのはニセモノの自信で、それはありえません。これは「世界中の女性は俺のことを好きになるはずだ！」というのと同じくらい妄想《もうそう》に基づいた自信です。

ぼくは、「自分が好きな作品は、ヒットするまでさまざまな努力をし続けることができる」ということに対して自信を持っています。よって、ヒットが出なかったときに、心が折れてしまうようなことはありません。

失敗するとすぐに消えてしまうような自信は、自信ではなくて勘違いです。ぼくはとにかく自分を信頼していないので、なるべくそういう勘違いを頭の中から排除するようにしているのです。正しい自信の持ち方ができれば、困難な状況でも折れることなくやっていくことができます。

起業したときも、自信ありげに見えたのか、多くの人から「綿密に練ったビジネスモデルがあったのか？」とか「数年がかりの計画だったのか？」などと聞かれました。もちろん自信はありましたが、これからやるビジネスに自信があったわけではなく、**「これまでも未知の世界で努力できたのだから、これからまた新しい世界で、自分は努力できるはずだ」**という自信を持っていたのです。

ビジネスモデルに関しては、「仮説」だったので、正しいかどうかはぼくにはわかりません。というよりも、わからないから挑戦する必要があったのです。

第6章

仕事を遊ぶトム・ソーヤになる

人生を最高に楽しむための考え方

ぼくらのルールはぼくらがつくる

社会にあるルールは、誰かが作ったものです。

もしも、そのルールで居心地が悪ければ、周囲を納得させて変えていくものだと、ぼくは考えています。無条件にしたがえばいい、というわけではありません。

ビジネスの世界では、今までは産業ごとにルールが存在していました。自動車産業、小売業、出版、テレビ……すべて違うルールで動いていた。しかし、インターネットの発達によって、産業ごとの境目が曖昧《あいまい》になっていくのと同時に、今までのルールが機能しなくなってきているのです。

出版の世界で考えてみましょう。これまで作家は、自分が作品を書いたら原稿料をもらえる、というのが当たり前でした。ただ、これはメディアがコンテンツによって広告を集めることができる、もしくは、二次使用で利益を得ることができる、というルールの中でだけ成立していたことです。

今やネット上には無数のコンテンツがあり、どれだけいい作品を作ったとしても、認知してもらうためには、作った人がお金を払わなくてはいけない状態になりつつあります。そのようなルールチェンジが起きようとしていることに気付いているクリエイターはわずかしかいません。

現代は、まさに新しいルールが作られているときです。どのようなルールが社会を良くするのか、本気で考えなければいけません。**ぼくらの世代には「ルールを作る楽しみ」があると同時に「ルールを作る責任」がある**のです。

「ルールを作る側にまわれっ！」。ちなみにこれは『ドラゴン桜』の主人公・桜木が冒頭に言う言葉です。

ルールをいかにして作るのか。それを考えるときに、ぼくはアメリカの映像産業のことをいつも思い出します。

アメリカはコンテンツ産業が強い、というのは誰しもが認めるところでしょう。それはなぜでしょうか？　英語が世界の共通言語だから、というだけではありません。そこには、いい産業に育つためのルールがあったのです。

1970年にテレビの3大ネットワークを規制する「フィンシン・ルール」（FCC命令）ができました。これは、いくらテレビ局側がお金を払っても、制作会社が作った番組の著作権を所有できないというルールです。

テレビ局は電波を独占的に使用しているので、制作会社との力関係を均等にするために、こうしたルールが作られたのです。現在では対等な力関係になったため廃止されましたが、健全なコンテンツ産業を育てるために「フィンシン・ルール」はとても大きな役割を果たしました。雇用の待遇面などに大きな格差がある日本のテレビ局と制作会社とはまったく違った関係が、アメリカではでき上がっているのです。

もうひとつ、アメリカでは映画館を運営する側と制作会社が一緒ではいけない、というルールもありました。「映画館は映画館だけの会社になれ」ということです。

日本だと、制作会社の東宝が映画館を運営していたりします。しかし、アメリカではそうしないほうが、競争原理が働いて、産業が発展すると考えられたのです。コンテンツの権利を持っている側と、映画館が一緒の会社だと、自分たちのコンテンツばかり放映することになってしまい、健全な状態が生まれないからです。

もし、日本にも同じようなルールがあり、制作会社が作った作品の権利が、テレビ局ではなく、制作会社にあり、配給と制作が分かれていたら、日本の映像業界は、もっと世界と戦えていたのではないか。ぼくはそんな想像をしてしまいます。

自らを縛りながら、産業が発展するようなルールを作った人は、未来を見通す力だけでなく、誠実さも併せ持った人たちだったのでしょう。ルールを作った人は、自分のところに利益を誘導しようとしたわけではないのです。ただただ理想的な世界をイメージし、それを実現するためにルールを作ったわけです。

そして現在、世界中でルールを作る人には、その誠実さが求められています。

アマゾンやアップルが整備しているルールは、デバイスやプラットフォームのためのルールであって、コンテンツ産業の未来を支えるようなルールではないように思えます。コンテンツ産業にいる人たちは、理想的な未来をイメージして、ルールを作る側になれるかどうかが、試されています。

ただただお金儲けがしやすいとか、そういうことだけではルールは強さを持ちえません。インターネットのある世の中で、どういうルールがあると社会全体が幸せになるか、ということを考えなければいけない。

そして、誰かがデザインしたルールに従うのか、それとも自分でルールを作るのか。**ぼくは自分でルールを作る側になったほうが、何百倍も楽しいと思う**のです。

日本人は「ルールを守ること」を美徳とします。しかしぼくは、ルールを守ろうとするよりも、ルールを変えようとしている人のほうがカッコよく思えるのです。

ルールを守るのが美徳だと思っている人からしてみると、ぼくは傍若無人《ぼうじゃくぶじん》に見えるかもしれません。しかし、インターネットのようなまったく新しいものが現れて、社会が大きく変化している時代には、ルールを守ろうとしているだけの姿勢は、自らの首を締めることになります。

では、どうやれば新しいルールが作れるのでしょうか？　すでにルールがある場所で新しいルールなど作れるのでしょうか？

会社員時代は、組織の手続きをきちんと踏んで、ルールを変えていこうとしていました。しかし、なかなかルールは変えられませんでしたし、そうこうしているうちに時代はどんどん変わっていってしまいました。

起業してから心がけているのが、まず「新しいルールで行動する」ということです。**新しいルールで行動している個人や組織が、どんどん存在感を増していき、みんなから「そのルールもありなんだ」と思ってもらう。**それがいちばん早い方法だと気付いたのです。

新しいルールで行動してみて「そちらのほうがいいんじゃないか」とみんなが実感すると、本当にルールが変わります。社会的ルールだけでなく、法律まで変わることもありえます。

タクシーの配車サービス「Uber」や、個人宅の空き部屋を宿泊先として借りるサービス「Ａｉｒｂｎｂ」が世界的に流行していますが、これらはすでに多くの人がサービスを利用しており、必要不可欠なサービスとなることで、ルールを変えつつあるのです。

コルクがコンテンツ産業のルールを変えるきっかけになるためには、コルクが多くの人にとって「なくてはならないもの」になるしかありません。社会のためになり、役立つ会社になることが、一見遠回りなように見えて、この会社を強くする唯一の方法なのではないかと考えています。

新しいルールで行動し、それが認められ、多くの人にとって「いいルール」を作ることができる。そんなベンチャーになりたいのです。

取ったリスクの対価しか手に入らない

すごく才能があるのに、それに見合う報酬をもらえていない人がいます。

ぼくは、「どうしてその仕組みが変わらないのだろう？」と考え続けていました。「エージェント」というと、交渉して金額を吊り上げる人、というイメージを持たれそうですが、しっかりとした理由がなく金銭的な交渉だけをしても、長期的なビジネスパートナーになることができず、ほとんど意味がありません。

作家の印税10％は安いのか？　出版不況になり、「10％は少なすぎる」と主張する作家も出てきましたが、それは不当なのか？

アメリカの状況を見ると、6％から15％くらいのあいだで契約が決まるので、ほぼ10％という日本の仕組みも、そんなに悪くはなさそうです。

コルクを経営するにあたって、他の産業のビジネスモデルを調べたと言いましたが、メーカーの場合、原価はだいたい10〜40％です。出版社も本のメーカーだと捉えると、本には、印税の他、印刷代、デザイン代、原稿料がかかっているので、30〜40％が原価と言えます。重版時にはこの比率は大きく変わるものの、総合的に考えると、印税10％は妥当である、というのがコルクの結論でした。

よって、印税の引き上げを交渉するのではなく、それとは違うところで、作家の収入をいかに増やすかを考えるようになりました。

それにしても、素晴らしい作品を世に生み出す才能に対して10％はやはり少ないのではないか？　ゼロから1を生み出す才能に対して不当じゃないのか？　まだ、そういう疑問を持たれる方も多いかもしれません。

しかし、ぼくはこう考えます。作家が投資したものが「お金」であれば、10％という金額は少ないかもしれません。しかし、**作家が投資したのは「お金」でなく、「自分の名前と名誉」**です。よって、作家が大成功すると、名誉を手に入れ、社会的地位も高くなり、有名になります。

ルールが変わりゆく中でも、変わらない本質というものがあります。それは「取ったリスクの対価しか手に入らない」という原則です。

実は、不満を言っている人は、自分が投資していないものをリターンとして要求している、という場合が多いのです。

金融業界の利益率がいいのは、金融業界の人が特別に優秀だからではなく、お金を投資しているからお金が戻ってくるのです。それ以外の産業では、違う価値を生み出し、それをお金に変換しているので、そのぶん投資効率は下がる。エンターテイメントのような、人に喜びを与える仕事であれば、お返しに喜びを受け取っているのです。すべてがお金で戻ってくるわけではありません。

「世の中で誰がリスクを取っているのか」「何を投資しているのか」という視点で世の中を眺めると、また違う世界が見えてきます。

サラリーマンは、お金を一切投資していません。その代わりに自分の時間を会社に投資して、お金で返してもらおうとしている。だから、投資効率が悪いのです。

会社の就業時間中にサボると得した気分になるのは、会社に渡している時間を自分のものとして使えたからでしょう。しかし、**二度と戻らない時間をサボる時間に投資することは、実はリスクの高いこと**でもあるのです。「時間の有限性」をどれほど意識するかによって、サラリーマンであることと起業することのどちらのリスクが大きいか、その答えは変わるはずです。

とにかく、買っていない宝くじは絶対に当たらないのと同じで、張ったリスク分しかリターンは返ってこない。それがこの世界のルールなのです。

視点を変えると、ぼくが「いかにリスクを取らない生き方をしてきたか」ということにも気付かされました。東大や講談社をぼくが選択したのは、世間が「いい」と言っているものを選ぶことで、リスクを減らそうとしていたのです。自分で人生を切り開くのではなく、「社会が敷いたレールに乗って」いただけだったのです。

自分が何に投資し、どんなリスクを取っているのか。それを意識するだけで世界の見方が変わってきます。

ぼくらは毎秒毎秒「決断」をしている

「会社を辞める」という決断を、大きな決断だという人がいますが、ぼくはそうは思いません。人は毎秒毎秒、決断をしているのですが、多くの人はそのことに無意識で、いい加減に決断をしているように感じます。

つまり、**「会社を辞めない」というのは、「今日はこの会社で働く」という決断を毎日、無意識でしているわけです。**

『インベスターZ』という投資マンガの編集をしていて、決断を意識的にすることの価値を気付かされました。投資は決断だからです。「売買をしない」ということであっても、実は「何もしない」ということを決断している。よって、動かない、もしくは、決断をしない、というのは、「動かないぞ」「決断をしないぞ」という「決断」をしているのです。

「会社を辞めた」というと、大きなひとつの決断を下したように見えるかもしれないけれど、ぼくの場合は、「今日も会社に行く」という日々の決断をしているうちに、ある日「会社を辞める」という選択肢が芽を出し、その力が日に日に大きくなっていった。

そしてある日、「会社に行く」という選択肢よりも「会社を辞める」という選択肢のほうが力を持っていた、というだけなのです。そして、そのまま「そろそろ自分でレールを敷いて、歩んでみよう」「世間の価値観ではなく、自分を信じてみてもいいのではないか」という思いが湧いてきて、コルクを創業したのです。

ぼくは決断が早いとよく言われますが、それは、日々の決断を意識しているからなのです。

実は、起業は大したリスクではありません。

そもそも人類は、食料を探して生きていくだけで大変でした。命を守るのに必死で、生まれてから死ぬまでのんびりできることなどなかったでしょう。

それが、産業革命によって必死で食料を確保する必要が減りました。状況はどんどん良くなっていき、生存の心配をする必要もなくなっていったのです。

現代人が感じる恐怖や不安というのは「死への恐怖」ではなく、単に「努力をせずに、現状維持をしたい」という思いから生まれる恐怖です。そう考えると、現代は、リスクと思えることなど、ほとんどありません。「環境に合わせて、変化し続けなければいけない」というのは、有史以来の大原則だからです。

また、幸福な生き方の定型などありません。

アランの『幸福論』の中で、共感した言葉があります。

「悲観主義は気分によるものであり、楽観主義は意志によるものである。気分にまかせて生きている人はみんな、悲しみにとらわれる。否、それだけではすまない。やがていらだち、怒り出す。ほんとうを言えば、上機嫌など存在しないのだ。気分というのは、正確に言えば、いつも悪いものなのだ。だから、幸福とはすべて、意志と自己克服とによるものである」

世間がいいと思っているものを手に入れても幸福は手に入りません。世間がもっとも信頼しているもの、つまり「お金」も、幸福への近道ではありません。

人生で最大のリスクとは何か？ お金を失うことでしょうか？

ぼくは**「死ぬときに『自分の人生は間違いだった』と思うような生き方をしてしまう」ことが最大のリスク**だと考えます。ぼくは自分の人生を投資し、自分が楽しいと思うことに時間を費やしたいのです。

自分のことは自分ではわからない

幸福になるためには、自分が楽しいと思うことに時間を費やすことが大切だと述べましたが、実はそのときに壁となるのが「自分は何を楽しいと思うのか」を理解できているかどうか、です。

自分のことを知っている人は、自分の喜ばせ方、人生の楽しみ方を知っているから、幸せになれます。そして、自分の喜ばせ方を知っている人は、他人を喜ばすのもうまいのです。

そのためにも、前章でも述べましたが「自分の好き嫌いを理解する」ことが重要です。「自分で自分を理解するのは難しい」とはよく言われることですが、想定しているよりもずっと難しいことなのです。

編集資料として発達障害について調べていたときのことです。

「発達障害の人は、自分のお腹が空いているのかどうかわからない」という一文がありました。自分の空腹や満腹の感覚に気付けないから、食事をするのを忘れてしまったり、食べ過ぎたりしてしまう人がいるのだそうです。長時間食べなくて、お腹が空きすぎて、すごく機嫌が悪くなる。でも、「なぜ機嫌が悪いのか」は自分で理解できない。そのため、6時間ごとにアラームを設定し、自分の感覚を信じないで食事をすることで、精神状態を保つというのです。

発達障害の人だけでなく、似たようなことがぼくたちにもあるのではないでしょうか？「お腹が空いている」とは漠然とわかっても、「何割ぐらい空いているのか」はわからない。「今日はすごく機嫌が悪い」と思っていたら、実は「眠かっただけ」ということもよくあります。何が食べたいのか？何をしているときが楽しいのか？どんな服を着たいか？夢は何か？……どうでしょうか？どれも明確に答えることなんてできないのではないでしょうか。

日常を漫然と過ごしていると、心の中にあるちょっとした感情の起伏に気付かなくなってしまいます。ぼくがウェアラブルデバイスをつけて、データを見ながら自分のことを推測するのも「自分で自分を理解できる」とはまったく思っていないからです。

物語を生み出す上でも、「自分を知らない」と理解しておくことは、役立ちます。

三田紀房さんと『ドラゴン桜』の企画を話し合っていたときのことです。三田さんが「生徒100人を東大に合格させる学園ものはどうだろう？」と提案しました。先輩は「すごくおもしろいです」と言ったのですが、ぼくは反対しました。

三田さんは、野球マンガで『クロカン』という傑作を描いています。ぼくとしては、それを超える企画を考えたい。考えてみると、甲子園に出場できる人数より、東大に入学する人のほうがずっと多いのです。甲子園出場のほうが難しいわけです。だから、東大へのチャレンジは物語にならない。そう思ったのです。

それでも三田さんは「甲子園よりどう簡単なのか説明してみて」と食い下がってきます。ぼくは「東大の入試問題って、みんな満点近くをとらなきゃいけないと思ってますけど、実は6割弱取れれば合格なんです。文系数学なんて、4問あるうち1問も解けなくても、半分問いてあるのが2つか3つあれば通るんですよ」と説明しました。すると「えっ、そうなの！」とすごくおもしろがってくれたのです。

ぼくは驚く三田さんを見ながら、「マンガ家だから知らないだけで、世間の人はそれを知っている上で東大を受験しないのだろう」と思いました。でも、いろいろ話をしていくと、そうではなく「ぼくのほうが自分の持つ情報の価値を知らないだけだった」と、やっと気付いたのです。

三田さんに頼まれて、いろいろな教育関係者のところに取材へ行く中でも、同じことに気付かされました。

取材はたいてい1時間なのですが、取材相手の方は「自分の話が作品に使われるかもしれない」ということで、役立ちそうな話や資料をたくさん用意してくれていました。でも、残念ながら、そういう準備された話は特殊すぎて読者にわかるように伝えることができず、ほとんどマンガに使えなかったのです。

準備してもらっていた話が終わって、会話が途切れがちになったところで、ぼくは「当たり前すぎて、話すに値しないと思っている」ことってありますか？」

「つまんなくてもいいので、ふだん生徒に伝えていることってありますか？」と聞くと、おもしろい話がどんどん出てくる。「そんな話、みんなぜんぜん知らないですよ」と伝えると、「え？　こんなの常識ですよ」と取材相手はびっくりするということがたくさんあったのです。

実は、**自分が「おもしろい」と思うことは、自分にとって新鮮なだけ**なのです。自分がおもしろいと思っても、世間には「よくわからない」と思われて終わりです。それよりも、自分では飽きていておもしろくないと思っていること。そういうことは、自分の中で何度も考えられ、熟成されたことなので、世間にとっては発見であることが多いのです。

毎日の繰り返しの中で、派手さはなくても宝物となるような「知識や経験」をぼくらは手にします。しかし、自分のことを客観視できないと、その宝物を使うことができません。

ぼくが今まで編集してきたビジネス書は、すべてライターがいて、著者がすべてを書いているということはありません。

スポーツ選手や経営者は、宝物のような経験を持っていますが、それを文章にするプロではないのです。そこはライターというプロに任せたほうが、拙《つたな》い文章で自分を伝えようとするより、ずっと本人の考え方を伝えることができます。アメリカでは、「スピーチライター」と呼ばれて尊敬される職種なのですが、なぜか日本では「ゴーストライター」と呼ばれて、あまり存在を知られることがありません。

ぼくは編集者として、作家を客観的に見てアドバイスをするのが仕事ですが、自分自身を客観視することはできません。だから、この本（単行本版）もダイヤモンド社の編集者がついてくれています。2年近くさまざまなところで話すぼくの講演会に来てくれて、何度も追加の取材を重ねてくれ、ライターと一緒に構成と内容を提案してくれました。それをぼくが加筆修正していくという形で、この本はできています。

加筆をしながら、「自分だったらこのエピソードを拾わなかっただろうな」と思うところがたくさんあります。自分で本を書くと、賢く見せようとして、さらに堅くなり、一部の編集者だけが読む本になっていたはずです。

とにかく**自分の感覚を信頼しないで、客観視させてくれるデータや、アドバイスをくれる人がそばにいてくれることが重要**なのです。

他人にウソをつくと自分にもウソをつくようになる

「自分が何に感動するのか？」「何をつまらないと思うのか？」、人は簡単に知ったつもりになってしまいます。よって、意識して自分の感情を観察するクセを付けておかなければいけません。

自分を見失わないためのコツとして、ぼくは「何でも正直に話をする」ようにしています。

その場で波風を立てずに、聞き心地がいいことだけを他人に言っていたら、同じようなことを心の中で自分に対しても言うようになってしまいます。長期的に見て、「本心を口にしない」ことの悪影響は、非常に大きいのです。**自分についたウソは、気付かないうちにそれがウソか本当かもわからなくなる**。自分を慰めるために言っているのか、現実がそうなのか、区別がつかなくなります。これが怖いのです。

しかも、人は「自分に対して甘い」生き物です。自分にウソをついていると、どんどん自分に甘くなります。

たとえば、会社内で「上司の出した企画がつまらない」と思ったとします。そこで、黙っていたり「ああ、おもしろいですね」などと言ってしまうと、とても楽ですし、自分にはなんの責任も生じません。でもそれを繰り返していると、自分が出す企画も自分で甘い点をつけるようになります。

「厳しいことを聞きたくない」のはみんな一緒です。だから成長したいのであれば、「自分に対して一番厳しいことを言うのが自分であるような状態」をどうやって作るかを考えなければいけないのです。

会議で「おもしろくない」というと、「じゃあ、お前が代案出してみろ！」と言われるかもしれない。でも、そうやって自分を追い込むように持っていかないと、どんどん自分を見失っていくことになります。

正直に自分が思ったことを言うことは、人間関係をつぶしてしまう「リスク」だと捉えている人も多いでしょう。しかし、**他人と率直なコミュニケーションをせずに、自分の心の中でも率直なコミュニケーションが取れなくなることこそが一番の「リスク」**です。

目も耳も口も脳も、「自分用」と「他人用」があるわけではありません。だから、他人について考えたり、話したりするときにウソをつくと、自分に対してもウソをつくようになるのです。

自分にウソをつかないことのメリットはもうひとつあります。「記憶のコスト」が低くなるということです。

その場の空気で調子を合わせていると、「自分がどこで何を言ったか」を記憶しておかなければいけません。たくさんの案件を同時進行で動かしていると、自分がどのような基準で、どう判断したかを記憶することは、すごく大変な作業になります。

正直ということを最優先していれば、忘れてしまっている案件でも、ほぼ同じ決断に辿り着くことができます。まわりに合わせて自分にウソをついていたりすると、まったく逆のことを言ってしまったりして、判断がぶれるのです。

重要なことをひとつ付け加えます。

「正直に伝える」とは、「思ったことを感情にまかせて好きなように言っていい」ということではありません。

たとえば、大好きな作家の作品でもおもしろくないと感じるときがあります。そういうときに、編集者としてのぼくはどう作家に伝えているのか。

まず、「おもしろくない」は、「つまらない」とは違います。作家は「おもしろい」と思って懸命に書いたわけです。でも、編集者であるぼくはおもしろいと思わなかった。ということは「作家の頭の中にあるものが再現できてないだけ」の可能性のほうが高いのです。

だから、**「ぼくは楽しめなかったけれど、描いていて、どこが一番ワクワクしたのですか?」**と質問します。説明を聞けば、ただ演出がうまくいっていなくて、おもしろさが伝わっていないだけだ、とわかるので、どのような演出がいいのかを話し合えばいいのです。

相手と信頼関係を築き、一緒に同じ目標に向かっていることを確認し合っていれば、正直な感想は、相手が自分を客観視する手助けとなり、感謝されるはずです。

尊敬する人の懐に飛び込む

ぼくは作家の人たちに育ててもらって、ここまできました。三田さんが父親で、安野さんがお姉さんで、小山さんが年の近い兄弟のような感覚です。

小山さんが『ハルジャン』という作品でうまくいかずに悩んでいるとき、アドバイスをくれたのは三田さんでした。

『ハルジャン』は主人公のハルが、スキージャンプを好きになるまでを1話目で描いています。それを読んだ三田さんが、「人が何かを好きになる理由は説明しないほうがいいよ」と教えてくれました。

たしかに、現実で何かを好きになったときに、その理由を説明できることは稀です。説明できないから、それを特別に好きなのです。なのに、ストーリーを作るときは、論理的な理由がないと、好きになってはいけないと思ってしまいがちです。好きになる理由を説明していると、そこに納得できない人はストーリーから離れてしまって、おもしろいところに到達する前に本を閉じてしまいます。

『宇宙兄弟』では、ムッタとヒビトが宇宙飛行士を目指す理由は描いていますが、二人が宇宙に興味を持った理由は描いていません。登場したときから宇宙が好きで、「ただ好きだから、好き」として描いています。

三田さんは、編集者1年目で何も知らないぼくが自由に挑戦できるように、た

くさんの失敗を許容してくれました。

コルクを創業するときも、はじめは「大変だぞ」と言って、ぼくを思いとどまらせようとしてくれました。ぼくの決心が変わらないとわかると、今度は『ドラゴン桜』のエージェントを依頼してくれただけでなく、「コルクを助ける」と言って『インベスターZ』を週刊連載で始めてくれたのです。この作品は、コルクという会社が自分たちで自由に運用する初めてのものとなりました。二人きりになると「経営は大変じゃないか？」などといろいろ心配をしてくれ、どれだけ心理的に助けられたでしょうか。感謝してもしきれないくらいです。

『ドラゴン桜』の中国でのドラマ化の話をしましたが、それも三田さんが「失敗してもいいから中国で挑戦していいよ」と後押ししてくれなければ、決まりませんでした。

自分より、ひと回り、ふた回り年上の尊敬している人と仕事をする。それが自分をもっとも成長させてくれます。すぐに利益になるかどうかを考えず、尊敬する人がいたら、その人の懐に飛び込む。それが、成長しながら仕事を楽しむ秘訣です。

小山さんは、ぼくより1歳年上。出会ったとき、ぼくはまだ何ひとつ編集者として結果を残していませんでした。「お互いに新人。一緒に頑張っていきましょう！」といって、試行錯誤をともにした仲です。

年齢が近いこともあり、かなりの影響を受けました。起業自体も小山さんの影響が大きいです。

『宇宙兄弟』の連載が決まる前、小山さんは何度も1話目を描き直してくるのですが、なかなかおもしろくなりません。そのあいだ、家族がいる小山さんは無収入です。直しを依頼しながら、「才能がある！」と人に伝えることの怖さをぼくは感じていました。小山さんは、本当に連載をできるだろうか？という不安もありました。

無事ヒットした頃に、小山さんに「連載開始前に、小山さんは怖くなかったですか？」と聞いたことがあります。すると、「おもしろいマンガを描けば、必ず載せてくれるって信じていたから、自分が努力すればいいだけだと思って、怖くなかった。それよりも、サラリーマンとして働いていたとき、マンガを描くことなく、自分が歳をとったところを想像して、そのほうが怖かった」と答えたのです。

自分が努力すれば、状況を変えられる。小山さんの思考法が、素直にかっこいいと思えました。小山さんは、毎話、原稿を描くたびに、今までになかった挑戦をしようとします。ちょっとだけでも前回よりも良くしようと、努力を諦めない。『宇宙兄弟』のアニメ映画では脚本を書くなど、新しいことも厭《いと》わずにやります。

このまま普通に歳をとっていたら、小山さんとの差が開いてしまう。「ぼくも頑張ろう」という焦りが、ぼくをここまで駆り立ててくれたのです。

「好きを仕事にする」という最強の仕事術

小山さんは、本当にいつもマンガのことを考えています。『宇宙兄弟』の連載が始まってから、ほとんど休みらしい休みをとっていません。それだと精神力が持たないのではないかと心配になって、「仕事で家族とゆっくり時間が過ごせなくて、つらくないですか？」と聞いたことがあります。

すると小山さんは、「家族には『仕事だから仕方ないんだよ』って言いたくないんです。自分にとっては、マンガと向き合ってる時間が、もっとも楽しい遊びをしている時間で、仕事ってつもりじゃない。ずっと遊んでいて申し訳ないって感じです」と答えるのです。この答えを聞いたとき「好きを仕事にする」ことの強さを感じました。

作家だけでなく、あらゆる仕事を選ぶときにも大事なポイントでしょう。好きなことをやるか、そうでないことを自分に言い聞かせてやるか。その最初の選択で、結果は天と地ほども違ってくるのです。

ぼくの強みは何か？　ぼくを知っている人は、論理的思考や行動力と思う人が多いかもしれません。でも、ぼくは**「好きなことを見つけ、好きな人たちと仕事をしていること」**が強みだと思っています。

エージェントという仕事の形態も、論理的に考え抜いて見つけ出したわけではありません。安野モヨコさんという作家が大好きで、彼女が何年間も作品を発表できなくなっている。そのような作家をサポートする仕組みはエージェントしかないと考えたからです。そして、需要があるということは、仕事として成立すると思ったのです。

ぼくは物語が好きです。物語の世界に没入して、ふと本から顔を上げ、まわりを見渡すと世界が違って見える。その瞬間が大好きです。

でも残念ながら、ぼくにはその物語を生み出す力がない。だから、作家たちが自由に物語を生み出す環境がなくなりそうであるなら、その環境を作りだそうとすることは、ぼくにとってすごく自然なことなのです。

ぼくはコルクの仕事をしていて、しんどいと思うことがありません。ずっと遊んでいる感覚です。「なぜ、新しい仕事をどんどん作るのか?」と聞かれることがあります。でも、「力をセーブしながら、遊ぶ」ということはないでしょう。

おもしろそうだと思うからやる。そんなシンプルな感覚で行動しているのです。

もちろん、楽じゃない仕事はたくさんあります。でも、その楽じゃない仕事を乗り越えた先には、楽しい未来が待っていると思うと、楽じゃない仕事も楽しい仕事になってきます。

それでも「つらいな」と思ったときはどうすればいいか。その対処法もご紹介しましょう。それは**「嫌なことほど、とにかくすぐにやる」**です。

会社員時代、ぼくが電話している様子を見た席の近い先輩から「佐渡島は、嫌な仕事から順に電話かけてるな」と言われたことがあります。

たしかにぼくは、出社したら、かけづらい電話や処理したくないメールから片づけるようにしています。トラブル関係の電話やメールは、遅くても24時間以内に処理します。トラブルが起きそうだと、すぐに電話で対応。どうしても忙しくてその日に対応できなかったりする場合も、次の日の朝には対応しています。

マイナスになりそうな案件は全部すぐに潰す。「どういう言い方をしようか……」「これを断ったらどう思われるだろうか……」などと悩む時間が無駄だからです。

よく、やりやすいところから手をつけていく人もいますが、その方法だと気が重いものが手元に残ります。すると、どんどん嫌になって動けなくなってしまいます。

企画を中止するとか、断るとか、前言を撤回するとか、どう言おうかなと悩む案件ほど、なるべく早く処理をする。先送りしても状況が悪くなることはあっても、良くなることはまずありません。

マイナスの案件を片付けると、手元には楽しいことだけが残ります。すると、ワクワクすることなので、勝手にのめり込む。「自分が勝手に働くような仕組み」を自分で作っているわけです。

こういう状況にできれば、仕事を仕事と思わないようになる。つねに「手元にやりたい仕事しかない状態」にしておくと、毎日が自然と楽しくなっていくでしょう。

「コルクが大成功することが、エンターテイメント産業を変える」とぼくは信じていますし、それだけのことを成し遂げたいと思っています。

しかし、ぼくの中には「使命感」はまったくありません。

創業時に、ある作家に「コルクがやることは正しいと思うので、応援よろしくお願いします」とメールを送ったら、「コルクがやることが正しいかどうかはわかりません。応援したいから、応援するのです」という趣旨の返事をもらいました。そのメールで、**自分の「正しさ」を主張して協力をあおぐという行為の、傲《ごう》慢《まん》さと偽善に気付かされた**のです。何が正しいかなんて、立場によって変わります。正しさを主張するのは、楽をしようとしているだけなのです。

「使命感」というのも、同じように「自己満足」です。使命感があると、重要なことをしているように感じるので、自分の中で勝手に盛り上がって楽しくなります。ただ、このときの「楽しい」は自己陶酔《とうすい》です。

ぼくは、会社という仕組みを使って、人生を最高に楽しみたいと思っています。ぼくの「好き」をとことん追求したい。どこまでもわがままになって、自分の楽しみを追求したい。

自己中心的な思想のようですが、人は一人だけでは幸せになれません。どれだけ正しい行為をしていても、一人であれば虚しさが襲ってくるでしょう。

「はじめに」で引用した、ドイツの詩人シラーの「友情は喜びを2倍にし、悲し

み を半分にする」という言葉は、ぼくの行動の指針となる言葉です。

最高に楽しむためには、まわりを楽しませなくてはいけません。「自分が楽しい」をとことん追求すると、結局は「利他」に行きつきます。

だから、**使命感をぼくは重視せず、むしろ自分が楽しむことが「結果的に」使命を果たすことにつながるのではないか、**と考えているのです。

トム・ソーヤになる

今の時代を理解しようとする中で、マーク・トウェインの『トム・ソーヤの冒険』のエピソードを何度も思い出します。

罰としてペンキ塗りをさせられることになったトム・ソーヤを、友だちは冷やかしにきます。でも、トムが楽しそうにやっている様子を見て、「ペンキを塗らせてほしい」と友だちは言いだします。

トムはそれを友だちにはやらせません。そして、どうしてもやりたくなった友だちは、自分の宝物をトムに渡して、ペンキ塗りをやらせてもらうのです。

仕事と遊びの境界は、どんどん曖昧になってきています。

お金を払うのか、もらうのかも曖昧です。メディアから作品を依頼されたら、制作費が発生しますが、メディアに掲載を依頼したら広告費を払います。まったく同じ行為をしても、お金の流れは逆なのです。誰が何にお金を払うかは、絶対的なものではなく、社会的慣習にしかすぎません。

「リアル脱出ゲーム」を生み出したSCRAPと『宇宙兄弟』のイベントをしたときのことです。仕事で忙しいはずの講談社の後輩が、ボランティアスタッフとして来ていました。話を聞くと「楽しいから週末はボランティアで働いている」というのです。彼にとっては、山や海へ遊びに行ったり、コンサートへ行ったりするのと同じように、ある会社の仕事を手伝うことが、何よりの「遊び」なのです。

『ドラゴン桜』の連載が終わった後、『16歳の教科書』という本を出しました。数学や英語などのプロフェッショナルに、最高の授業を展開してもらうという企画です。「学校の勉強なんて何がおもしろいのかわからない」と思いながら勉強した人がほとんどだと思うのですが、一流の研究者は、いやいやその道に進んだのではありません。最高に楽しいから、それを一生の仕事にしようと思ったのです。

取材をしていると、どの教科も最高に楽しそうで、もう一度勉強をしなおしたくなりました。すごく楽しそうに、数学や英語などについて話す先生を見ながら、こんな先生に習っていたらもっと勉強が好きになっていただろうな、と思ったのです。トム・ソーヤと一緒です。楽しそうにしている人がいると、その楽しさが伝染して、興味を持ってしまうのです。

ぼくにとって、編集者という仕事は、最高の遊びです。

以前、安野モヨコさんのイベントが休日にありました。その日は妻も不在だったので、「シッターさんに子どもを任せるんですよ」と、雑談のなかで安野さんに話しました。すると安野さんが、ぼくの息子たちがお留守番を楽しむように『オチビサンとおるすばんのくに』という絵本を急遽描き下ろしてくれたのです。

ぼくには、奇跡が起きたような感じがしました！　自分が触媒となり、作家のインスピレーションを刺激し、永遠に読み継がれる普遍的な作品が生まれる。作家のそばにいると、こんな奇跡がたくさん起きるのです。

ぼくは、コルクという会社を通じて、ぼくの楽しみを社員と共有したいと思っています。すると、ぼくの楽しさは、2倍、3倍へと膨れ上がっていくからです。そして、コルクという会社が楽しんでいることを、世間と共有していきたい。それができれば、楽しみは、さらにさらに膨らんでいくでしょう。

世の中を変える「ドミノの1枚目」は、どこにあるのか？

魔法のような一手は、どこにもありません。誰も気付いていない、秘密の楽な方法なんてものは、どれだけ論理的に考えても、どれだけ未来を予測しても、見つからないでしょう。

1枚目のドミノは「基本」である、ということを述べましたが、実はそれよりも大切なものがあります。

それは、「たった一人の熱狂」です。

熱狂している人が、仮説を立てること。それが、2枚目のドミノ。3枚目のドミノは、もう一人では倒すことができません。熱狂している人のまわりに集まってきている人たちが倒すのです。それで、やっと、ぼくらの仮説が世界をつくることができるのです。

おわりに

仮説を実現する冒険に出よう

高校時代の同級生に、就職もせず、いきなりベンチャー企業を立ち上げた男がいました。

まわりは、たいていが安定志向。医者になったり、弁護士になったり、官僚になったり、大企業に勤めたり。もちろん、ぼくもその一人でした。

ほとんどの人が敷かれたレールに乗っかっていく中で、彼は異色の存在でした。

彼は「今後、シェアハウスが盛り上がるだろう」という仮説をもとに、シェアハウスの仲介をするサイトを始めました。

当時は、シェアハウスなんて言っている人は誰もいません。寮にみんなで住むことはあっても、プライベートでシェアハウスをやっている人なんて誰もいなかったのです。まわりからも「そんなビジネスうまくいくのかよ」と言われて、実際になかなかうまくいかず、しばらく苦労していました。

それでも諦めずに続けていると、少しずつ少しずつ軌道に乗ってきました。

「やっと、うまくいきだした！　シェアハウスが広まっていく！」

そんな話を、高校の仲間が集まった飲み会で彼から聞いた数ヵ月後のこと。

彼は急に倒れました。

駅の階段で動けなくなって、そのまま救急車で運ばれました。彼の肺には、水がたまっていた。それまで生活できていたのが不思議なくらいだったそうです。

ガンでした。


高校時代、彼とは仲が良かったわけではありませんでした。

ただ、みんなでお見舞いに行ったときに、彼が『宇宙兄弟』を好きだということがわかったのです。落ち込んだときに『宇宙兄弟』を読んで、勇気をもらっていた、と。

それからは、新刊が出るたび病室に持っていくようになり、だんだん仲良くなっていきました。


治療の副作用で、彼の頭はツルツルになり、眉毛もなくなりました。

それでもつらい治療に耐えて、彼はようやく退院しました。

「あと少ししたら仕事を再開しよう」

そう思っているときに、ガンは再発しました。

それでも、心が折れることはなく、再び抗がん治療に耐えました。

そして、順調に回復していき、はじめは家から駅まですら歩けなかったのに、一緒に夜ご飯を食べ、ゴルフができるまでになりました。

医者からも「ほぼ完治だ」と告げられて、みんなでお祝いをしました。

「さあ、またビジネスをするぞ!」仕事の再開に向けて考えだしていたときです。

2度目の再発。
そこからは、あっという間でした。
病状は一気に悪化。すっと亡くなってしまいました。
30歳でした。

彼は生きたがっていました。死を受け入れていなかったし、悔しがっていた。
でも、彼はただ「生き残る」ことを望んでいただけではありません。
最後、病室での会話が心に残っています。
「仕事がしたい」と言うのです。
ぼくはハッとしました。
ぼくは、彼がこんなにも望んでいる「仕事」をどんな思いでやっているだろう？

葬式に出ながら、ぼくは仕事について、自問していました。

そして、**彼がどれだけ望んでも手に入れられない、「仕事をする」という機会をもらっているのだから、もっともっと仕事を楽しまなければ！**　そう考えました。

もっとも貴重なのは、時間です。時間は有限で、ぼくはそれを平気で無駄にしていたのです。その有限性に気付いたら、のんびりなんてしていられませんでした。

楽しい仕事とは、しんどいことがないのとは違います。

『ドラゴン桜』も『宇宙兄弟』もなかなか売れなくて、たくさんの苦労をしました。でも、どの苦労も、楽しかったのです。

妥協をせず、努力ができているときは楽しい。

一方で、組織の論理で諦めないといけないときは、どれだけ楽であっても、楽しくはありません。

会社組織で仕事をしていると、同僚はみんな、ぼくの仕事の仕方に理解を示してくれて、協力的だったので楽でした。守られながら仕事ができたので、作品のことだけを考えていればよかったのです。

しかし、その楽さと引き換えに、やはりいくつかの妥協は認めないといけませんでした。たとえば実行するための社内調整の時間などです。ぼくは「自分が偉くなったら変えよう」「もう少し我慢すれば変えれる」と思いながら、今をまったく楽しまずに仕事をしていました。

彼が死に際まで「やりたい！」と言っていた仕事を、我慢しながらやっている。それは、仕事というものを侮辱しているのではないか、と感じたのです。

創業して3年――。

会社員時代ではやらなくてよかったことをたくさんやっています。「楽」ではありません。でも、やっている仕事には、どれも妥協がない。だから、「楽しい」のです。

シェアハウスは、彼の死後、ブームとなり、今では珍しいものではなくなりました。彼が目の当たりにできなかった「仮説」が世界をつくったのです。

ぼくの仕事である編集とは、**作家が「魂の食い物」を生み出すのをサポートすることです。**

どれだけ物質的に豊かになっても、心は「心の食べ物」を必要としています。

イソップ童話の中に「北風と太陽」というお話があります。旅人の服を脱がすのは、北風ではなく、太陽でした。

世の中を変えるのは、仕組みではなく、人々の心。物語を作ることは、その心を豊かにするために働きかけることなのです。

よって、いい物語を作ることは、太陽のように、ゆるやかに社会を変えることができます。遠回りのようですが、実はそれが、世界を変えるときの、もっとも近道だとぼくは信じています。

ぼくの熱狂は、この本を通じて、あなたに伝わったでしょうか？

最後にひとこと。

仮説を実現するために、一緒に働く仲間を探しています。

佐渡島庸平 @sadycork

特別対談

ぼくらの贈与が世界をつくる

佐渡島庸平 × 近内悠太
（教育者、哲学研究者）

文庫化にあたって、『世界は贈与でできている』（NewsPicksパブリッシング）の著者である近内悠太氏との対談をおこないました。

2020年12月16日収録

『世界は贈与でできている』は「創作論」である

佐渡島：対談を企画するにあたって、真っ先に浮かんだのが近内悠太《ちかうちゆうた》さんでした。実は、ご著書の『世界は贈与でできている』を読み始めたら止まらなくて。

近内：それはありがとうございます。佐渡島さんとちゃんと話すのは、ほとんど今日が初めてですが、SNS上でもぼくの本に着目してくださっていたので、ずっとお話ししたかったんですよ。

佐渡島：本当に最高に素敵な本だなと思いましたよ。これはまさに「創作論」の本だと。読みながらすごい量のマークをしてしまいました。

ぼくらが本をつくるときに考えているのは「紙の値段では買えないなにかを、どうその本に詰めるのか」ということです。編集者が社内で本の値段の打ち合わせをすると、「紙の値段＝本の値段」というふうになりがちです。「装丁を凝ると値段が100円上がる」って。でも、その漫画や小説には、紙の値段以上の価値がある。だからぼくらの仕事は「お金で買えないものを、どうつくり上げるのか」を考え続ける仕事なんです。

ぼくは、「エログロ」と「食」の漫画を安易にやりません。絶対やらないわけじゃないんですけど、安易にやらない。理由は、そのテーマの作品は、作品を読むよりも、実際にお金を払って体験する方が楽しいからです。現実のためのお金が払えない人が、代替物として本で情報を得る感じがして。これからはそれだとVRに負けますし、本でしかできない体験を用意したい。「エログロ」と「食」も、創作ならではのアイディアとセットならいい企画になると思うのですが。

近内：安易にカテゴライズされてしまう、ということなのでしょうか。確かに、「こういう本なんでしょ」というのがわかってしまうと、出会いとしてのインパクトが弱くなりますよね。「こういうものと出会うだろうな」と思って読んで、「やっぱりそうだった」と。ちょっとした予想外の展開などではなくて、もっと根本的なサプライズを引き起こしたい。

佐渡島：そう、本の中でどうやって「予想しない出会い」をつくるのか。世間ではみんな「ネタバレがよくない」と言います。**ネタバレを気にする作品というのは、「ネタを売っている作品」だと思うんです。**そういう作品だと、1回読んでしまったら、価値がなくなってしまうので。

ぼくは、**作家を「創造主」だと考えています。作家は、キャラクターを創造している。物語は、キャラクターとの「出会いの場」だと思っています。**そのキャラクターともう1回出会うためには、もう1回その物語を読まないといけない。だから、本当に好きな作品は繰り返し読むんですよね。

ぼくは「出会い」が「贈与」されているものが、作品だと感じています。だから『世界は贈与でできている』は、編集者であるぼくからすると、「創作論」だと思ったんです。

作品は、誰かに向けたメッセージ

近内：それに関連して、最近、「ヴァイオレット・エヴァーガーデン」というアニメを観たんです。これを見て、「宛先を持つ」ということがどれほどクリエイティブなことなのか実感しました。

主人公の女性は、手紙の代筆業をしています。依頼人の話を聞いて、ときには言葉を補ったりしながら、依頼人の届けたい相手に手紙を書く仕事です。

彼女には、ある目的があります。幼い頃から兵士として戦い、心を育む機会が与えられなかった彼女は、ある人に言われた「愛してる」という言葉の意味がわからなかった。その言葉の意味を知るために、代筆業をしていたんです。でも活動するうちに、気がつけばたくさんの贈与をしていた。もともとは代筆の依頼人にとっての宛先だった存在が、いつしか自分にとっての宛先にもなっていたことに気づく。それによって、彼女の心が少しずつ救われていくという物語でした。やっぱり、何かを創作するには「宛先を持つ」ことから始めるしかありません。自分を癒すためになにかを書いても、インパクトとしては絶対に弱くなります。**でも、誰か特定の人に向けて書くと、なぜか結果としてその向こう側にいるたくさんの人に届くんです。具体的なひとりの人間の向こうに、たぶん何百人、何千人という人がいる。**

だから「創作論」という話でいうと、メッセージの「宛先」である他者を正しく見つめるのが大事なのだと思います。そういう意味では、ぼくも『ぼくらの仮説が世界をつくる』を読んで、「あ、ぼくの本を読んでくださったのは、そういうことだったんだな」と、改めて思いました。

佐渡島：そうですよね。実はぼくはもともと、文学の研究者になりたかったんです。文学好きの人って、あとがきとか、解説を先に読む人が多くないですか？その中に作者の、ある種「宛先」のある、いろいろなメッセージが込められているからです。「この作品は実は、この人を宛先とした、こんなメッセージなんじゃないか」と読み解いていくのが、文学の楽しみだと思っているんです。ぼくはインタビューで「どうやって作家との信頼関係を築くのか？」と聞かれたりします。それで、ぼくが自問自答したんです。

ぼくは、**作家の作品の中に秘められた「贈与」を読み解いた感想を言っている**んです。「この人宛の贈与だったけど、ぼくにも届きました」という感想を言うと、相手は信頼してくれるという感じです。でも、別に誰からでも信頼されるわけじゃない。僕がしっかりと作品を読み解けた時だけになります。

多くの新人作家は、ぼくがマーケティングをすごくやってくれたり、売れる企画を教えてくれたり、そういうことをやってもらえるんじゃないかと期待します。でも、ほとんど逆なんです。

新人作家に対してぼくがなにをやるのかというと、「あなたは作品を通して、誰に何を伝えたいのか」「それを伝えることが贈与になるのか」「それを伝えることによって、あなたが救われるのか」。それを明確にするために、繰り返し聞いていきます。

近内：はい。どういうふうに救われる予感があるのかが大事ですよね。

佐渡島：そうなんです。そして、それは届かなくてもいいんですよね。届いたらもちろんいいけど、届かなくてもいい。「そういう思いで書けますか」と。そういうことを打ち合わせで確認し合うんです。

だから、「ラクして売れたい」「ラクして漫画や小説がうまくなりたい」と思っている作家には、ぼくは「姿勢がちがう」と延々と言います。

「自分語り」が許されるのは一部の天才だけ

近内：でも、当然のことじゃないですか。「クリエイトする」というのはどういうことかというと、最初のスタートは贈与を受け取るところからはじまるんです。受け取ってしまったけれど、もうその人にはお返しができない。じゃあ誰に返せばいいか。「誰かに届けなきゃ」と思ったときに、ふと目の前に宛先が現れ、「あ、この人だ」と気づくんです。「この人に向けて書けばいいんだ」と。その「宛先」に出会えることは、たぶんすごく幸福なことです。ものをつくったり、書いたり、表現したり人にとっては、その気づきは必要最低限の条件なのかなと思うんですよね。

自分のため、自分が救われるために書いた、宛先不明の作品がユニバーサル（普遍的）なものになるのは、本当に一部の天才だけだと思うんです。それこそ文豪たちの作品はそうですよね。「誰かのため」というよりは、凄くエゴが出ているんだけど、歴史に残るものになっている。森鷗外《もりおうがい》とかもそうなのかなと思います。

ただそれはやはり、一部の天才に許された特権です。自分語りをしたのに、それが世界的、歴史的に残るものになるというのは、すごく稀《まれ》なことです。でも、「多くの誰かのためにはならないかもしれないけど、身近なある一人に向けて一生懸命考えて書く」ということなら、けっこう多くの人にもできることなんじゃないかなと思います。

「ファクト」や「エビデンス」は賞味期限が短い

近内：「仮説」というのは、すごく「物語」的だと思います。というのも「仮説」という以上、それを確かめるまでに時間がかかるわけですよね。暫定的に「こうだ」と言うだけで。『ぼくらの仮説が世界をつくる』を読んで、「すべては、暫定的なものに過ぎないんだ」と改めて思いました。

ぼくは「ファクト」とか「ファクトフルネス」というのが大嫌いなんです。NewsPicksから本を出しておいてあれなんですけど（笑）。「こういうファクトがあるから」とか「こういうエビデンスがあるから」というのって、状況によっては責任逃れにも使えます。

物語というのは、「エビデンスやファクトがないところで、いかにもがくか」ということだと思うんです。「私はこういう風景を見てしまったんだ。でも、この風景は私だけのものではなくて、きっと人間であるならば見えるはずなんだ」と。

だから自分の本を書くときも、データを出してどうこういうのはイヤだったんです。全然セクシーじゃない。だからもう「ナラティブ（物語）」で押し切ったというか。

ぼくの本を読んでくれた人の感想で一番うれしいのが「なんだか物語を読んだような感覚でした」というものです。ぼくも、そういうつもりで書いていたのだと思います。でもそういう「物語」的なものによる説得力が、いまでは、あまり社会的な地位を持っていないですよね。

それよりも**「エビデンス」や「ファクト」みたいな統計的なデータがもてはやされる風潮があります。でも「それって、賞味期限が短くない？」と思うんですよね。**

だって、聖書なんてまったくファクトフルネスではないじゃないですか。だけど、あんなに普遍性をもって、時代を超えて読まれている。それは、やっぱりひとつの物語だからだと思います。もし聖書を「エビデンス」で書いていたら、たぶん賞味期限はすごく短くなっていたと思います。

佐渡島：これは本当にそうですね。ぼくの知り合いに、「ファクトなんですけど」と口グセのように言う人がいたんです。

1年ぐらい経って信頼関係が築けた時に、「『ファクトなんですけど』と言うときは、その後に自信のない話が続いてないかな」と伝えました。「自信がないけど、ファクトという言葉で押し切らせてください。議論に耐える自信がありません」と言っているように感じる。それなら正直に「理由はよくわからないけど、こうしたいと思っている」と自分の気持ちを伝える方がいいのでは？と。

近内：よくわかります。「はい、これがファクトです。これ以上は根拠も理由も遡《さかのぼ》れません」となってしまうと、なんだかつまらない。やっぱり「ぼくはそう思ったんですよね」というところがおもしろいじゃないですか。「なんでそう思っちゃったの？」「う〜ん、なんでだろう、でもそう思ったんですよ」というところから、対話ははじまるので。

ぼくも本の執筆時に、けっこうそういう経験がありました。たとえば、「いま、この章の結論、議論のオチが見えた。直観的に分かったし、ゴールは見えたんだけど、どういう理路でそこに至るのかがわからない」となって、そこからもう一度、途中のロジックを探していくというふうに。それはまさに、トンネルを掘る感覚だったんです。「ここを掘ると、あの中間地点にたどり着くはずなんだ」「この先にあの風景が広がっているはずなんだ」というイメージで、ずっとトンネルを掘っている感覚の時期がありました。

佐渡島：いま近内さんと話しているのは「仮説」についてですが、ぼくがいま編集してるのは「曖昧さ《あいまい》」についての本なんです。どうやったら曖昧でいつづけられるか、ということを考えていて。「ファクト」や「ロジカルシンキング」って、思考が終着するというか、終わらせるということなんです。ファクトとかロジックで考えると「こうなりますよね。以上」となる。でも仮説的な思考では、つねに物語を更新できるんですよね。

近内：それに、**仮説は言った人間の責任になる点が重要だと思います。「私はこう考えている。こうなるはずなんだ」と表明することなので。仮説を立てた人**

がずっと責任を引き受け続けるからこそ、やっぱり考え続けるし、よりいい仮説に至る。その仮説が、どうすれば他の人に伝わるかを考えて、言語化する。そこに、エネルギーが出てくると思っています。

佐渡島：そうですよね。『ぼくらの仮説が世界をつくる』というのは、「ぼくらの曖昧な思考で世界ができている」ということです。その曖昧な思考の中には、まさにたくさんの「贈与」が入り込んでいる。だから『世界は贈与でできている』と『ぼくらの仮説が世界をつくる』って、実は兄弟みたいなタイトルだなと思っています。

「観察力」とは「そこにないものを無数に見る力」

近内：ぼく、今日は「観察力」の話をしたかったんです。佐渡島さんはこの「観察力」というものを、インタビューなどでどういうふうに説明なさってますか？

佐渡島：まさに『ぼくらの仮説が世界をつくる』の中で定義が甘いと思って、3冊目の本のなかで書いているのが「観察力」についてなんです。「観察力」というのは、もう本当に「あるがままに見る」ということだと思っています。基本的に、人は自分が見たいようにしか、ものごとを見ません。自分の中にあるその固定観念を外してみる、という行為が「観察力」です。

近内：やっぱりこの本に書いてあった「宇宙人の視点」ですよね。すごくいい話だと思いました。あと「上手な絵かどうかは『1本の線』でわかる」というのもおもしろい。**「プルトップ（缶のフタ）を描いてください」という課題で、なぜみんな描けないのかというと、プルトップを「プルトップでしょ」としか見てないからなんですよね。**

要は「観察力」というのは、漫画を1話ぶん記憶して、そのままアウトプットできるかという話です。できないのは、ちゃんと見ていないからなんですよね。

ぼくの本にも出てくる、シャーロック・ホームズの言葉があります。「きみは見ているだけで、観察していないんだ」というものです。

じゃあ「観察」とはなにか。そこは、ぼくの本でもはっきりとは説明していません。でも「なぜプルトップはこの形になったんだろう」「なぜBの形ではなくてAの形になったのか」「なぜCではなくてAなんだ」というふうに考えると、プルトップの形が、リアルにありありと見えてくると思うんです。

歴史のなかで、誰かがプルトップをもっと違う形で発明することも十分可能だった。それにもかかわらず、なぜこの形になったのか。そう考えられる人だけが、ありありと「そのもの」を見られるのでしょうね。そうすると、記憶にはっきりと残る。そう考えると、**観察力とは「これではないもの」を描く力**ともいえるわけです。「観察力」と「想像力」は、通底しているのだと思います。

佐渡島：そうなんですよ。すべてのものに対して、そういう向き合い方ができるかどうか。

たとえば目の前のコーヒーカップでも、ただなんの意味もなく「ここからこういうふうに取っ手が付いている」というだけではない。このデザインを考えた人の想いや工夫が、余白に潜んでいるかもしれないわけです。その「余白の情報」にまで気づいたうえで、カップの絵を描いているかどうか。「観察力」って、そういうことだと思います。

近内：それってたぶん、愛なんですよね。「これをつくった人は、なにを考えてこの形にしたんだろう」と思いをはせる。多くの人は、こういうものに意味を見出しません。「ま、こういうものなんでしょ」と思ってしまう。だから、ボヤッとしか見てないんですよね。

ぼくは「観察力」というのは、「なんでこうなっていないのか」という、「そこにないものを無数に見る力」だと思っています。

佐渡島：すごくいい定義ですね。

ものごとには必ず意味があると信じる

近内：ぼくは、世の中のすべてのものごとには意味が宿っていると思っているんです。すべてのプロダクトには、つくった人がいる。だから、そこにはなにか見落とされている意味が隠れているのかもしれない。もしかしたら、つくった人すら気づいていない思いもあるんじゃないか、と。そしてそれは、起きた出来事に対してもそうだし、他者の一見取るに足らないように見える振る舞いに対してもそうです。

ある種、オブセッション（とらわれ）というか、強迫観念だと思います。「なんの意味もなくそこに置かれただけだよ」という可能性も、全然あるわけなので。

それでも、「これをつくった人は、もしかしたらなにかの思いがあったんじゃないか」と考える。そうしないと、なにも読み取れないんですよね。

他者とのコミュニケーションで、絶対にやってはいけないことがあります。そ

れは、よくわからないことを言っている人が目の前にいたときに「あ、こいつバカなんだな」と思うことです。ぼくらは思考の経済のために、ついそう思ってしまいます。でも、これってまったく生産性がないんですよね。

「俺から見たらバカとしか思えないことを、なんでこいつはやってるんだろう。何か真意があるんじゃないか?」と考えるのが大事です。

たとえば「そういえば、昔、上司から不条理なまでに叱られたことがあったと話していたな。それがあって、ちょっとしたミスでさえも隠そうとしているんじゃないか?」というように仮説を立ててみることはできます。というか、その相手を観察してきたからこそ立てることのできる仮説です。

人間は、生きてきたなかでいろんなことを学習しています。ぼくらはそれを「記憶」と呼んでいます。これまで何を経験して、どういうものを記憶してきたのかによって、その人の振る舞いは決まります。

とくに大人になると、過去の記憶や悲しい出来事、つらい出来事が、その人の振る舞いに紐《ひも》づけられてしまっている。**一挙手一投足が、「記憶」によって決まっている。そうだとすれば、誰も悪くないし、誰もまちがっていないのでは、と**

思います。

いまの状態がつらいのならば、勇気を持って変えることはできるはずです。「出会いなおすことはできるはず」というのが、『世界は贈与でできている』のメッセージなんです。「観察力」というと、すごく特殊な能力かと思いますが、単に「愛」なんですよね。

佐渡島：本当に、「愛をもって見る」ということですよね。

すべての物語はアンサングヒーローを描くものだ

佐渡島：ぼくは「すべての物語はアンサングヒーロー（縁の下の力持ち）を描くものだ」と定義したほうがいいんじゃないかと思っているんです。アンサングヒーローの「贈与」を、こっそり見ている読者だけが知っている。そういう気持ちよさが「読者が主人公を応援する」という状態をつくるんです。

その物語の世界に住んでいる人がみんな賞賛しているヒーローのことを、読者はわざわざ好きにはならないですよね。その世界の中でもうスーパーマンになっている人を、「そのスーパーマン、ぼくも好きだな」とはならないです。

近内：やっぱり、読者がそれに自然と気づける仕組みを、こっそり忍ばせることが必要ですよね。

最近の作品は「クイズ」になっている

佐渡島：ヒーローを描くとしてもアンサングヒーローにしても、ヒーローじゃないところをなにか隠していないといけない。ただ、隠すときに「みんながいま、**実はこういうコンプレックスがあるからこういう弱さを持ったヒーローにしよう」という感じにしてしまいがち**なんですよね。それがいまいち気持ち良くなかったりするのは、隠しきれてないからです。

この問題に対して、いま多くの作家がやっている対応策が「クイズ」にすることだと思うんです。『進撃の巨人』も『ONE PIECE』も、YouTube上には考察動画がたくさんあがっています。でも、それは「クイズ」で、解いたあとに「贈与」が待っていないんです。

だからぼくは、エンタメ作品を丁寧に読み解こうと思えないんです。解いたあとに愛を見つけられない。

読者が考察しないといけないような、複雑な「パズル的な物語」が増えています。**パズルとしてはすごくよくできているんだけど、解いたあとに贈与がない。「解くこと自体が楽しかったでしょ」みたいなつくりになっているんですよね。**

近内：「全体の図柄が用意されてる」という感覚があるから、ただのパズルという感じがするんですかね。「ここにこんなピースを入れたら、自分なりの絵が描けた」「私にはこういう風景に見えるんだけどな」というような、自分なりの図柄を描けるぐらいの余白を残した作品が、もしかしたら一番気になってしまうのかもしれません。

佐渡島：作者と一緒に問いを共有した感覚ではなくて、パズルを渡された感じなんですよね。

美しいものは、どこかわかりきらないもの

佐渡島：ぼくは、いま流行っている多くの作品の模範解答自体が、なんだかあまり好きになれないんですよ。

作品の中で描かれている愛とか友情とか、他者との関係性が、作家によって再定義されるものを僕は読みたい。でも、もうある固定観念の愛とか友情を描いているエピソードが多いかなと思っていて。

ぼくは『ヴィンランド・サガ』が大好きなのですが、それは作者が「国をつくる」「人を思う」ことを考え抜いているからかなと思っています。

近内：やっぱり「愛」とか「友情」というメッセージ自体が、「エビデンス」や「ファクト」のようになっている作品が多いからなのでしょうね。わかりやすくて、明示的なものでないと、読者が不安になるのでしょうか。

佐渡島：そうですね。

近内：「なんでこいつがこういうことをしたかというと、こうだからだよ」というのが、そんなにステップを踏まずに理解できないといけない。動機が不明なものや、そこがまったく描かれていなくて、いろんな解釈ができてしまうものって、もしかしたらタブーになっているのでしょうか。

そのぐらい、わかりやすい動機や、モチベーションの源泉をはっきり示す漫画が多い気がします。それこそ、受け取った贈与があるのではないかというときに。そこを隠してくれればいいんだけど、多くの漫画は最終的には明らかにしていますよね。

佐渡島：そうですね。ぼくは「わからないもの」を読みたいんです。美しいものというのは、どこかわかりきらないものだと思っているから。

新人作家が陥りがちなミス

佐渡島：新人作家と打ち合わせしていると、ぼくが極端にわかりやすいものを欲しがっていると勘違いされるんです。

彼らがよく起こすミスがあります。それは、「動機を設定の段階ですぐに決めてしまう」ことです。わかりやすく「憎いから殺した」とか。「憎いからって、そんなすぐ殺すか？」と思うんですけど。

ぼくは、人の動機なんてわかるもんじゃないから、わからなくていいと思っています。でも新人の漫画は「憎いから殺した」というけれど「どう殺したか」「いつ殺したか」という部分が、よくわからない物語になっていることが多いんです。そこは、わからないと読み進めづらいから、わかりやすくするべきです。

「カメラがどう動いてるかわからないよ」とか「誰がしゃべってるのかわからないよ」ということをよく言っています。でも、みんな動機やテーマの部分をわかりやすくしてしまって、行為のほうがうまく描けていないんです。

本当は、そこが逆じゃないといけません。行為はわかりやすくして、動機やテーマは描きすぎない。でも「わからない、伝わらない」とアドバイスすると、新人はすべてが伝わりやすいようにしか描けなくなるんです。

近内：明示的で、誰が見てもはっきりと解釈が定まるような物語って、あまり人の心を動かさないのでしょうね。

よく「この登場人物が次になにを言うか、作者にもわからない」などと言われます。最初から動機が決まっているのではなく、「このシーンを書けば、このキャラがどういう理由でこいつを殺したのかが見える気がする」と。そういう感覚になれる作品が、書いていてもいちばん楽しいし、読んでいてもドライブすると思うんです。

佐渡島：ぼくが「わかりやすく、わかりやすく」と言っていると、やっぱり新人は抵抗するんです。みんな、自分が感動した作品は、明示的ではなくて余白があったから。だから「いや、そういうわかりやすい物語は書きたくないんです」と抵抗する人がすごく多いです。でも、わかりやすくするべきものと、そうではないものの差をわかっていないんですよね。

ぼくが言いたいのは、「物語の中で起こっている5W1Hはわかりやすくして、人間の心の中は複雑なまま届ける」ということです。そこが創作の難しさなのだろうなと思います。

佐渡島さんにとって本は「船のいかり」

近内：佐渡島さんの本って、「ぼくはずっとこの仮説でやっているんだよ」というのを、すごくあっさりとおっしゃっていますよね。上から目線で言うわけではなく「いまの時代をちゃんと見たら、そういう仮説を立てられるじゃん」と、当然のようにおっしゃっている。

でも、ここまで手の内を明かすということは、逆に自信があるんだろうなと思いました。仲間を探していると同時に「まったく同じものはそう簡単にはできないだろうから、これぐらいは教えちゃうよ」と。しかも「これに共感してくれた人と仲間になって、一緒にやりたい」という本音もある。だからここまで、全部言ってしまえるのだろうなと思いました。まっすぐだなと思って。

佐渡島：結局は、お金のパワーが強いですからね。自分のスタンスを宣言しておかないと、お金のほうに会社が近寄っていきやすい。会社には、そういう力学が働きやすいですから。「売上をあげないと」って。それよりも、ぼくはこの仮説を大切にしますと、世間に宣言することで、ぼくを縛っている。

近内：だから佐渡島さんのこの本は、船のいかりというか、アンカーのようなものですよね。変に漂流しないで、ちゃんとここにいられるように。足場、あるいは灯台として「あそこを目指せば戻ってこれる」という存在なのかもしれないですね。

佐渡島：そうですね。『ぼくらの仮説が世界をつくる』は、「ぼくは会社や作品をつくるときに、このスタンスはぶらしません」ということ。この本の次に出した『WE ARE LONELY, BUT NOT ALONE.』（幻冬舎）という本は、「ファンコミュニティをつくっていくときに、信者ビジネスやネットワークビジネスっぽい仕組みにはしません」という宣言でもある。そうやって、自分がやろうとする行為に対して一つひとつ、宣言をしていっているのでしょうね。

近内悠太（ちかうち・ゆうた）

1985年神奈川県生まれ。教育者。哲学研究者。

慶應義塾大学理工学部数理科学科卒業、日本大学大学院文学研究科修士課程修了。専門はウィトゲンシュタイン哲学。

リベラルアーツを主軸にした統合型学習塾「知窓学舎」講師。教養と哲学を教育の現場から立ち上げ、学問分野を越境する「知のマッシュアップ」を実践している。

デビュー著作となる『世界は贈与でできている』（NewsPicksパブリッシング）で、第29回山本七平賞・奨励賞を受賞。

著者紹介
佐渡島庸平（さどしま　ようへい）
株式会社コルク代表取締役社長。編集者。
1979年生まれ。中学時代を南アフリカ共和国で過ごし、灘高校に進学。2002年に東京大学文学部を卒業後、講談社に入社し、「モーニング」編集部で井上雄彦『バガボンド』、安野モヨコ『さくらん』のサブ担当を務める。03年に三田紀房『ドラゴン桜』を立ち上げ。小山宙哉『宇宙兄弟』もTVアニメ、映画実写化を実現する。伊坂幸太郎『モダンタイムス』、平野啓一郎『空白を満たしなさい』など小説も担当。
12年10月、講談社を退社し、クリエイターのエージェント会社・コルクを創業。インターネット時代のエンターテイメントのあり方を模索し続けている。コルクスタジオで、新人マンガ家たちと縦スクロールで、全世界で読まれるマンガの制作に挑戦中。

本書は、2015年12月にダイヤモンド社から刊行された作品を加筆・修正し、対談を加えたものです。